親が生きているうちに話しておきたい64のこと

親とさよならする前に

日本クオリティ オブ ライフ協会
代表理事
清水晶子

sanctuary books

父親。

母親。

彼らは、いつか死ぬときがくる。

ホラ ボーッと してないで 水あげて
はい はい

それは明日かもしれないし、
1年後かもしれないし、20年後かもしれない。
とにかく、いつか死ぬ日がやってくる。
親が死んだ日、あなたは悲しむだろう。

針の山に気をつけてね
鬼とケンカしちゃダメよ
誰が地獄なんぞいくか!!

そして同時に、あなたはいろんな決断を迫られるだろう。
それも、悲しむ時間を与えられないくらいのスピードで。

お葬式のこと。
お金のこと。
相続のこと。
ほかにもたくさんのこと。

お墓

不謹慎だと思いこんで、
何も話してこなかった、たくさんのことが
自分を苦しめるかもしれない。
大切な人を傷つけるかもしれない。

一度、考えてみてほしい。
父親と、あと何回会えるのか。
母親と、あと何回笑えるのか。
そしてあと何回、「ありがとう」を伝えられるのか。

親と話しておいてよかった――。
そう思う日が、必ずやってくる。

いくつになっても野菜ギライなんだから
ウルサイ ライオンは野菜くわんぞ
ぷっ

はじめに

親が病気になったらどうしますか？
介護が始まったら？
認知症が始まったら？
そして、死んでしまったら？
お墓は？
遺産は？

これらの問題。手をつけられないパンドラの箱になっていませんか？
この本は、親が元気なうち（生きているうち）に話しておきたいこと、やっておきたいことがわかる本です。

私は、葬儀社の役員として、年間１０００件以上のお葬式や供養などの相談に15年間携わってきました。子どもが親を見送るという儀式に何度も立ち会ってきました。

同時に、親が死ぬことで起きる悲劇も多く見てきました。


たとえばお葬式。

故人の意向で家族葬にしたものの、親戚からはなぜ派手に見送ってやらないのか？と非難される。なぜあの人を通夜に呼んで、我々を呼ばないのか？と詰問される。


たとえば介護、医療。

娘のあなたがしっかり介護していれば、もっと長生きしたんじゃないか？と心ない言葉をかけられる。

延命措置をするかどうか、苦渋の決断を迫られる。殺したのは私なのかもしれない……と、今でも十字架を背負っている。


たとえばお金。

親の死後、銀行の口座が凍結されて、なかなかお金を引き出せない。葬式代の200万円を肩代わりしなくてはならず、苦労した。

その他にも、親のわずかな遺産をめぐって、骨肉の争いに発展するご遺族たち。だれが墓の管理をするのかという、墓守問題などなど。嘘みたいな本当の話がたくさんあります。親の死は、大きな悲しみとともに、大きなトラブルも招くのです。

葬儀社を営む一方、私は家庭の事情で祖母の成年後見人《せいねんこうけんにん》になり、介護を経験します。祖母は87歳。気づいたら認知症を発症していました。おかしいな？ と感じてから1か月後には、家中に便を塗りたくっていました。自宅での介護は困難を極め、介護施設に入れることに。入所の際には書類を提出し、祖母についていろんなことを質問されました。

「今までどんな病気にかかったか？」「好き嫌いはあるか？」「どんな趣味があるか？」しかし何も答えられませんでした。大好きな祖母のことを、私は知ったつもりで、何も知らなかったのでしょうね。だから後見人になるのも、介護施設に入所させるのも、とても苦労しました。

入所してから半年後、祖母は亡くなります。

しばらくの間、本当に私の対応は正しかったのか、祖母をもっと理解していれば、何かできたんじゃないかと自分を責め続けました。つらく悲しい時期でした。

こういった経験から、一般社団法人日本クオリティオブライフ協会を設立。終活の重要性や生前整理の大切さについて、全国で講演させていただいています。

自分や我が子ならまだしも、親のことを考えるなんて……と感じる気もち、わかります。面倒なのもわかります。

けっして楽しい作業ばかりでもありません。

しかし、いつか決めねばならぬときがきます。

そのタイミングが親の死後だった場合、大変な苦労をすることになるのです。

だから、親が元気なうちに、話しておきましょう。決めておきましょう。

この本を通じて、親のことで悩んだり、苦しんだりする人がいなくなるように――。

心からそう願っています。

CONTENTS

CHAPTER

2 病気・介護の話

CONTENTS

CHAPTER 4
お金の話

CHAPTER 5
相続の話

CONTENTS

INTRODUCTION

親と話をする以前の話

親と話してほしい6つの話

「親と話して、いろいろ決めなきゃいけないのは薄々気づいてる……。でも一体何から話せばいいの?」

こんなふうに思っている子ども世代の人、多いはずです。気もちだけが焦っている人もいるでしょう。この本はそんな人のために、6つの章に分けて親と話すべきことをまとめました。

- ◆体・心の話
- ◆病気・介護の話
- ◆お墓・お葬式の話
- ◆お金の話
- ◆相続の話
- ◆実家の片づけの話

これらを押さえておけば、実務的な備え、心の準備ができます。そして**親に、自分に、後悔しない決断ができるようになります。**それぞれくわしく見ていきましょう。

1つめ　体・心の話

あなたは親のこと、よく知っていますか？　たとえば好物や趣味、今の健康状態、青春時代や仕事、友人のこと。

自分には関係ないと、今は思うかもしれません。でも

「ああ、もっと話しておけばよかった」

「俺は親父のこと何も知らなかった」

と思う日が必ずやってきます。それは親がこの世から姿を消す日です。まずは今の親を知るところから始めてみましょう。

とくに**健康状態を知ることは大切**。病気を早期発見できますし、何より親の老いを現実として受け入れる準備ができます。

この章では、最初に親と話しておきたいことをまとめています。

2つめ

病気・介護の話

病気になる。認知症を発症する。歩けなくなる。これはどんな親でもあり得ること。親がこういった状況になったとき、最終的に判断をしていくのは、子どものあなたになるでしょう。たとえば、どこの介護施設に入るのか、延命治療をするのかしないのかなど、大事な局面で選択を迫られます。「そんなのはそれぞれのパートナーがやるべきだ」と思うかもしれませんが、長年連れ添ったパートナーが弱っているのを見ると冷静な判断をするのはむずかしくなります。とくに高齢者は、体力、判断力ともに弱っているのでなおさらです。

親の希望がわからないまま、治療方針や介護プランを決めるのは迷いが多く時間もロスしがち。また、医者などの専門家から言われることに同意するだけになってしまいます。あらかじめ親の意思を知っておけば、それにそった判断をしていけばよいので、迷いも後悔も少なくて済むでしょう。

３つめ　お墓・お葬式の話

お墓やお葬式の話なんて「縁起でもない」「死んでから決めればよい」などと思っていたら大きな間違いです。

たとえばお葬式なら、事前準備をしなかった人のお葬式は平均３７０万円かかっているのに対し、準備をした人は平均２００万円で済んでいるデータが出ています。

お墓も、形態が違えば料金もまったく変わってきます。

どちらも明朗会計になってきたとはいえ、まだまだ不透明な部分も多い領域です。

また親が亡くなったとき、心の整理をするためにも、このふたつは重要な役割を果たします。お葬式は親の死を見届ける儀式。そして何よりお墓は心の拠《よ》り所となります。今のうちに親の希望を聞いておくことが大切です。

4つめ お金の話

親の銀行口座が凍結してしまってお葬式代を引き出すのに苦労した。思いもよらぬ借金があって青ざめた。生命保険の受取人が死んだ母親のままだった。こんなトラブルが続出しています。

「お金の話をするのは、何だか気が重くて……」と言う人がいますが、話さなかったことで損したり、苦労したりするほうが、よっぽど大変です。

また、入院や介護には、当然ですがお金がかかります。お金は生きることを支える手段。人生のすべてではありませんが、親とお金について話しておくことは非常に大事なことです。

この章では、親と話して整理しておくべき、お金のあれこれについてお話ししています。

5つめ
相続の話

遺産相続でもめる映画やドラマを観たことはありませんか？　家族が血みどろの争いをする姿がよく描かれますね。

「そんなのは架空の話。我が家は関係ない」と思っていたら大間違い。

親が亡くなったとたんに第三者がやってきて「法律上は私にもお金をもらう権利がある」と言ってきたり、仲のよかったはずのきょうだいが「親父は俺にゆずると言っていた」などと言い出したりと、青天の霹靂《へきれき》のようなことがあるのです。

争いごとは、心も体もむしばみます。体調を崩して寝込む人もいます。そうならないために、この章では親と話しておくべき相続の話をまとめました。

6つめ

実家の片づけの話

実家の片づけと聞くと、気が重い人は多いはずです。

しかし、先延ばしにすると痛い目に遭うのは、子どもであるあなたです。

親の死後、半年以上かけて実家を整理した。業者に依頼したら想像以上に大金がかかった。家の規模にもよりますが、**時間とお金がかかるのは明白です。**

また、親がいなくなったら何を捨てるべきか、何を手元に残すべきか、判断に迷いますし、価値あるものをうっかり捨ててしまうこともあります。

とはいえ、何から始めたらよいのか、どう片づけたらよいのかわからないのが現実でしょう。

この章では、実家を片づけるときのポイントをまとめています。

親とのコミュニケーションのとり方

親と話さなきゃいけないことがあるのはわかるけど
「私は親と仲が悪いので、面倒は見ません」

「親のことが嫌いだから、親は親で勝手にやってほしい」

「親とはもう縁を切ったつもりだ」

こんな本音も聞こえてきそうですね。

しかし残念ながら、親子の関係を切ることはできません。結婚相手との関係を解消するために〝離婚届〟は出せますが、**親子の間には〝親子終了届〟はないのです。**知らないふりはできても、親子は一生、親子のまま。関係を解消することはできません。

そして何より、知らないふりなんて、本当にできるでしょうか。胸に手を当てて想像してみてください。

親が殺されたら犯人をうらみませんか？　親が交通事故で突然亡くなったら平気で

いられますか？　そこに深い悲しみや、後悔が生まれないでしょうか。

もし少しでも、心の奥で何かが動くのならば、親と話す時間をつくってみてください。

親子だから、すぐにわかり合えるとは限らない

親と話すとあまりにも話が噛《か》み合なくて、なぜそんなことも理解してくれないのか、私の親を何年間やっているんだ、などとむなしさを感じる人もいるでしょう。その気もち、よくわかります。

親と子どもはまったく異なる世界で生活しています。だから価値観が違えば、意見が対立するのは当たり前。親子関係も、他人との関係と同じように、コミュニケーションをとりながら築いていくものです。血がつながっているからわかってくれる、わかるはずは、ただの思い込みです。

親とうまくいかないときは、親に対して決めつけた言い方や、一方的な物言いをしていないか、振り返ってみましょう。

次に、親との距離が縮まる具体的なポイントをご紹介します。

親と距離を縮めるための5つのポイント

①季節の行事を活用する

親とのコミュニケーションは、やっぱり会って話すことが大切です。実家が遠い人や、訪れるタイミングを逃している人は、お正月、お盆、お彼岸、自分の子どもの入学式、七五三、親の長寿のお祝い、誕生日、結婚記念日……など、季節のイベントを利用して会うきっかけをつくってみましょう。

②親を取引先だと考える

親のことが本当に苦手だという人は、親を取引先として認識することをおすすめします。仕事の取引先の窓口が、すごく嫌な担当者でも、大口の注文がとれるなら、あなたもがんばって営業するはずです。親も同じ。もしかしたら相続で家が手に入るかもしれない。借金を抱えていることがわかり、それを回避できるかもしれない。ドライかもしれませんが、まずはそこから始めてみるのも手です。それくらい割り切って、戦略的に仲よくなることも必要です。

③月1回は電話をする

高齢者の場合、健康状態は1か月で激変します。急に病気が進行したり、認知症が重くなったりすることもあります。ですから、できれば月に一度は会いたいところ。遠く離れて暮らす人は、月に一度でよいので電話をしてみましょう。スカイプなどのインターネット電話やSNSを使ってコミュニケーションをとるのもよいですね。

④デリケートな話は、第三者を例に出す

介護やお金、お墓などの話は、急に切り出すと親を驚かせてしまいます。「早く死んでほしいと思っているのか」「お金を狙っているのか」など、誤解を招くことも。こういったデリケートな話をするときは第三者を例に切り出しましょう。「○○ちゃんのお父さん、お墓でもめたらしいよ」「○○くんのところ、介護大変だったんだって」と話すと、親も耳を傾けやすくなります。

ファイナンシャルプランナーや弁護士など、専門家を間に入れるのもよいですね。〝子ども主導〟と思わせないようにすれば、親のプライドを傷つけません。

⑤一度にぜんぶ解決しようとしない

親と話さなくては！　と焦って、一度にあれこれ聞いて解決しようとするのはNGです。ゆっくり話していきましょう。まずはこの本の項目を一日にひとつ実践してみてください。

「今日の議題について話し合おうか」とあらたまるのではなく、「先週の健康診断の結果が出たんだって？　どうだった？」と、5～10分で手短かに、何気なく聞いてみてください。あらたまると親も警戒するし、自分が年寄り扱いされたと思って、ケンカになります。ただ、あまりにも世間話として扱われてしまうときは、少しあらたまるのもよいかもしれませんね。

○自分のパートナーとも話し合っておく

あなたが結婚してパートナーがいる場合、親に対する考え方を話し合っておくことも大切です。親との関係、親に対する考え方は、夫婦といえども千差万別です。親を援助したくても、パートナーが許してくれないこともあります。また、自分の親を悪く言われたり、軽く扱われたりするのは不愉快なことです。お互い、自分の親に対してどこまでできるのか、できないのか。とくにお金のことは決めておいたほうがよいでしょう。

一般的には、親のほうが先に亡くなります。親の死後もいっしょに生活するのは自分のパートナー。だから、大切な存在です。ないがしろにしてはいけません。パートナーの理解がなくては、親の終末期をサポートすることはむずかしいでしょう。

親を看取る。これはとても大変なこと。未知のことに不安を抱く人もいるでしょう。苦労もたくさんあるでしょう。でもその裏側で気づくことがたくさんあるはずです。それは何にも代え難い経験です。そして将来、それが役立つときがきます。なぜって、いつか自分も死ぬ日がやってくるのですから。

CHAPTER 1

体・心の話

体・心

会うたびに

親の肩をさする

やっておくと、ここがラク

◆親の健康状態や老いを、具体的に感じられる

◆看病や介護が始まったときに、体に触れることへの抵抗が少なくなる

ふだん、親の体に触れていますか？

おそらく多くの人が、触れていないと思います。親に触るなんて……と、ほとんどの人は抵抗があると思いますが、ぜひスキンシップをしてほしいと考えています。

抱きしめたり、手をつないだりするのは、さすがに難度が高いので、まずは肩をさするところからトライしましょう。肩もみでもよいですね。

すると、

「あれ？　お母さん、前よりも小柄になったなあ」

と親の老いを現実として、実感できるようになります。これは非常に大切なことです。

なぜなら、**看病や介護が必要になったときは、当然、親の体を直接触る**ことになるからです。まったく触ってこなかった人でも、急に、体を拭いたり、場合によってはおむつを替えたりすることを求められます。かなり高いハードルから始まるので、しんどく感じるでしょう。

そして何より、肌に触れる行為は、感謝の気もちが伝わりますし、安心感を与えます。

まずは、ゆっくり親の肩をさすってみてください。

親御さんの葬儀をさせていただくと、こんな言葉をよく耳にします。

「知らない間に、親父も弱々しい体になってたんだな……」

よくお話を聞いてみると、想像以上に親の体が弱っていたことに驚いた。そして、親に対して、いかに自分が無関心だったか気づかされたとのことでした。

いっしょに暮らしていたころは、自分よりも大きくて頼もしい父親だった。母親も丸みを帯びて女性らしく、肌ツヤもよかった。

でもそれは、何年も前のことです。**人はみんな老いる。それはあなたの親も例外ではないのです。**

人間は死んだら、冷たくなります。肌のあたたかさを感じることは、もう二度とありません。でも、生前にちゃんと親の体温を感じられた人は、親がいなくなってもそのぬくもりを感じながら生きていけるでしょう。

体・心

年に一度

いっしょに旅行する

やっておくと、ここがラク
- ◆ふだんの親の様子がわかり、健康状態などを把握しやすくなる
- ◆共通の思い出ができる

最後に親と旅行したのはいつですか？　もう何十年も前……という人、多いのではないでしょうか。

離れて暮らしていると、親がどんな生活を営んでいるのかわからないですよね。旅行は、親のふだんの生活を見られる、貴重な機会です。

「食後に歯を磨いているか」「下着や服を替えているか」など、認知症になると疎《おろそ》かになる行動のチェックができますし、「むかしは、そうでもなかったのに、今はいび

きがひどいな。太り過ぎかな?」など、体の変化に気づいて病気を未然に防げるかもしれません。また、36ページでもお話ししたとおり、子どもとして親の老いを自覚できるよい機会でもありますね。

私は結婚して17年めに、実家の両親と私の家族とで沖縄の宮古島を旅行しました。父は肺がんを患っていてゴルフをやめていたのですが、学校のゴルフ部に入部している孫とゴルフコースをまわりたいとリクエストがあったのです。3年ぶりのゴルフに父も本当に楽しそうで、クラブを握る姿を見て私もうれしく、そして切なく思いました。末期がんであることはわかっていたので、最後の旅行になるだろうとも思っていました。

今でも、宮古島のおだやかな海風と、芝のにおい、父のうれしそうな顔がはっきりと目に浮かびます。心が溶けるようなあたたかさと、キュンとするような切なさが入り混じった気もちになるのです。

終末期を迎える父にとってこの思い出は、かけがえのないものになっている様子です。

「また、宮古島にみんなで行きたいね」
そんなことを病室で話す父は悲しいというよりも、思い出の中に希望を感じているように思います。

終末期は体も不自由になりますし、食べることもできなくなります。

そんなとき、大切な人にとっての希望や栄養は、ものではなく〝思い出〟です。

思い出を共有することでしか生まれないあたたかな感情、それは勇気や希望だと思います。

特別な時間を味わえる旅行はすばらしい思い出。私が感じ、得られた感覚を、あなたにもぜひ感じてほしいと願っています。

思いきって、旅行の計画を立ててみませんか？

体・心

なるべく早めに

悩みごとを相談する

やっておくと、ここがラク

◆親との距離が縮まる。コミュニケーションが深まる
◆子どもが弱みを見せることで、親が自分の話をしやすくなる

大人になると親のことを知っているようで、知らないことがたくさんあります。それは親の側でも同じこと。お互いに心配をかけたくないからと、必要最低限の会話で終わっているからかもしれません。

親だから・子だから、信頼関係があって当たり前ではないことを知りましょう。信頼関係はぬかみそのようにかき混ぜないといけません。混ぜることで発酵し、乳酸菌

が育つように、コミュニケーションをとって初めて、親子関係という信頼関係が育ちます。

信頼関係を育むステップのひとつめとして、自己開示、つまり自分の話をしてみてください。

たとえば、**自分の病気について相談してみましょう。**すると、親も自分の健康や病気のことを話しやすくなります。急いで親のことを根掘り葉掘り聞き出さないことです。

「子宮にポリープが見つかったの。お母さんは経験ある？」

「腰痛がつらくてさあ。親父も腰痛もちだよな？　最近どう？」

こんな感じで、自分の弱いところをさらけ出すと、相手も話しやすくなります。

親というものはいつまでも〝親〟という意識が強く、「子どもを守りたい」気もちがあります。

その気もちをくすぐることは、親の自尊心を刺激することにもなります。

病気だけでなく、仕事や家庭のことなど、〝相談する〟というコミュニケーションをとってみましょう。

体・心

還暦などのお祝いに

人間ドックをプレゼントする

やっておくと、ここがラク
◆初期段階で病気を発見できる
◆親へのプレゼントのきっかけになる

もし、親に何か贈りたいと考えていたら、人間ドックがおすすめです。親の健康状態を把握できますし、生活習慣病や体の変化の早期発見にもつながります。

還暦や敬老の日など、特別な日に贈ってみましょう。人間ドックの料金は全身で20万〜30万円と高額なので、きょうだいでお金を出し合うのもよいですね。いきなり「健康診断の結果を見せて」というのは唐突ですが、人間ドックをプレゼントすれば、「結果出た？」と、堂々と聞けるのもポイントです。

「お父さん、お母さんの健康を気にかけているんだよ。いつまでも長生きしてね」というメッセージにもなり、親も「健康に気をつけなくては！」という気もちになりますよ。

60歳、70歳、80歳と、親の体は大きく変わっていきます。リタイアすると会社などで受ける定期的な健康診断がなくなり、自分で自分の体を点検しなくてはいけません。ぜひ健康診断を受ける習慣をつけてもらいましょう。

ただ、高齢になると、病院に行ったり、検査をしたりすることが心身の負担にもなります。毎年受診していても、残念ながら病気になるときはなるものです。

毎年受診するなら血液検査や尿検査など、体に負担の少ない最低限にとどめ、人間ドックのような大きな検査は5年に一度くらいの受診をおすすめします。

手軽に検査するなら、行政の健康診断や献血がよいでしょう。体重や健康状態の他に、一般採血では白血球と赤血球の数値から、貧血、感染症、白血病を疑うことができます。また、生化学検査ではコレステロールや肝機能の数値、血糖値などがわかります。この数値が高値ならば脂質異常、肝機能障害、糖尿病などが疑われます。また、これらの異常は心筋梗塞《しんきんこうそく》、脳梗塞《のうこうそく》などの動脈硬化性疾患の原因ともなり得るでしょう。

体・心

健康診断のあとに

健康診断の結果をいっしょに見る

やっておくと、ここがラク

◆病気の早期発見ができて、後悔が少なくなる。親の現状を知れる

病気はいきなり末期になるわけではありません。ところが親の健康状態に無関心でいると、取り返しのつかないところまで病状が進んでいるケースがあります。

「えっ、いつの間に……」

と後悔する前に、今の健康状態や持病の途中経過を観察し、親の体の変化に気づけるようにしてください。そのために、定期的に健康診断を受けてもらい、結果を共有できるとよいですね。できれば、毎回の結果用紙を同じファイルに保管して、変化を一覧できるようにしておきましょう。

私の父はずっと咳《せき》が続いていました。とくに健康診断や診療を受けずに、市販薬を半年間服用していました。それでも咳が出続け、母の説得でしぶしぶ病院に行ったところ末期の肺がんであることが判明したのです。余命3か月と診断されて、がん治療を開始。その後、父の壮絶な闘病が始まりますが、もっと早くに見つかっていたら……とどんなに思ったでしょう。悔やんでも悔やみきれない、苦い思い出です。

親は子どもに心配をかけたくないと、切に願っています。だから、結果が悪いと報告しない人もいます。向こうから何も連絡がなければそれでいいやではなく、一度

「健康診断の結果、どう?」

と声をかけてみましょう。ただし、結果が悪い際に

「もっと食生活に注意しなくちゃだめだよ!」

などと、声を荒らげないでくださいね。健康診断の結果をめぐってケンカに発展する親子もいますが、**悪いのは親自身ではなく、あくまでも健康診断の数値。**心配のあまり、つい感情的になってしまうのもわかります。けれど

「去年に比べて数値がよくないね。お酒減らさないとね」

などと、データをもとに冷静に話をしましょう。

体・心

通院後に

お薬手帳をいっしょに見る

やっておくと、ここがラク

◆副作用に気をつけることができる
◆医者に確認してもらうことで、薬の重複や正しい飲み方がわかる

高齢者は複数の病院へ通い、それぞれから薬を処方されていることがよくあります。なかには「眠れなくて」といって、複数の病院から睡眠薬を処方してもらっているケースも。お薬手帳をいっしょにチェックすることで、こういった薬の重複を避けられます。**薬の重複がわかったら、いっしょに病院へ行って、医者にお薬手帳を見てもらい、薬の整理をすることも必要**です。

父はがん治療を止め、対症療法を行なっていましたが、その際に自分自身で薬をコ

ントロールしていました。医者からステロイド剤を投与してもらっていたのですが、体調によって多くしたり少なくしたりしていたようです。この他にも、胃薬や風邪薬、ビタミン剤、栄養剤など自分の判断でいろいろと飲んでいたようで、肺がんの専門医から薬の飲み方が悪かったことを指導してもらいました。

　どんな薬にも副作用があるので漫然と飲まずに、主治医の指示を守り服用しましょう。

たとえば、糖尿病の薬には利尿作用がある種類もあり、脱水を起こすことから、脳《のう》梗塞《こうそく》や心筋梗塞《しんきんこうそく》などのリスクも考えられます。こういう副作用をきちんと知っておけば〝朝、水を飲ませる〟〝枕元に水を置いておく〟〝「水飲んだ？」と声をかける〟など、副作用のリスクを回避するサポートができます。

「今はどんな薬を飲んでるの？」と、お薬手帳を見ながら、内容を確認できるとよいですね。

体・心

通院時に

病院に付き添ってみる

やっておくと、ここがラク
◆親の病状を、正確に把握できる

私たちはつい〝医者は偉い人〟〝医者が言うことは正しい〟と思ってしまいます。しかし本来、患者と医者は対等な関係。あやふやにせず、疑問に思うなら理解できるまで質問しましょう。**自身の体に関心がある積極的な患者だと思わせることが大切です。**

医者と患者は**信認関係**が重要です。信頼し合い、認め合う関係です。だから医者任せではなく、その治療方針を理解、納得し、医者と連携して治療することを示せるとよいですね。

もし、親が長く通院している病院がある場合は、一度、診察に同席してみましょう。親の健康や体の状態を真剣に考える子どもが存在するというアピールにもなります。

親の認知機能が衰えていると、医者の言うことが理解できないケースもあります。横に突っ立っているだけでは意味がないので、症状について、以下の質問をします。

・病気と、日常生活や生活習慣の関連性
・病気の特性、感染の有無
・病気の経過、現状。今後の治療と暮らし方
・処方された薬によって、どの程度改善するのか
・薬の副作用
・録音させてもらえるかどうか（命にかかわる治療や手術の場合）

質問に対して煙たがられたり、明確な答えが得られなかったりする場合は、病院の変更を考えてもよいと思います。

なかには、自分の病状を子どもに知られたくない……と考える親もいるかもしれません。でもそこで諦《あきら》めないこと。親の命にかかわる決断を迫られて困るのは子どもの側。病気の症状を把握しておくことが必要だと、親に伝えられるとよいですね。

体・心

なるべく早めに

病歴を確認しておく

やっておくと、ここがラク

◆提出書類をすぐに記入でき、無駄な検査を受けずに済む
◆病名や原因の究明に役立つ

病歴は、人間の履歴書です。だから、**親の病気や介護の際に、主治医や介護士へ伝える大切な情報になります。**

体にメスを入れた手術の経験や、骨折の有無もぜひ知っておきたいところ。先方に「父は2回骨折しているので右脚が弱いんです」と説明できます。

女性の場合は、ホルモンバランスの変化で体調を崩すことも多いので、母親には、

初潮、閉経の時期なども聞いておきたいですね。

私は、祖母の介護を経験しました。認知症を発症して介護施設に入所することになったとき、申込書の提出や面接を求められたのですが、とくに返答に困ったのが病歴。病歴は必ず質問される項目です。祖父はすでに亡くなっていたので、聞く術《すべ》もなく、祖母は検査を一から受けることになりました。**丸一日かけて体を検査されるのは、高齢者にとって心身ともにけっこうハードなこと。**できれば避けてあげたかった。もちろん、お金もかかりました。

ですから可能なら、幼少期から現在までの病歴がわかるとよいでしょう。親が自分の母子手帳を持っている世代なら、見せてもらうとよいですね。

生まれたときの状態や子どものころにかかった病気は、大人になって影響が出ることがあります。

たとえば、帯状疱疹《たいじょうほうしん》は水痘《すいとう》・帯状疱疹ウイルスが原因で、抵抗力が低下したときなどに起こります。幼少期に水疱瘡《みずぼうそう》にかかっていれば、発疹が出たときに、帯状疱疹を疑うことができます。

病歴を把握しておくと、スピーディに病気の特定や原因の究明が可能になることがあるのです。

また、夫婦間でもお互いの病気について知らないことが多いのもよくあること。とくに女性の場合、流産や出産、女性特有の病気などを家族やまわりの人に隠していることがあります。今でこそ、婦人科系の疾患はポピュラーですが、親世代の感覚からすると、ネガティブなイメージが強いからです。

子どものあなたが両親の病歴をつかんでおきましょう。

体・心

なるべく早めに

好きな食べ物を聞く

やっておくと、ここがラク

◆闘病中などに、好物をすぐに用意できる

◆病気やアレルギーを予防できる

あなたは親の好物を言えますか？

おそらくわからない人が大半ではないでしょうか。親孝行をしたいとき、病気で弱ったときなど、「好物を食べさせてやりたい！」と思う局面が、必ずやってきます。

アレルギー食材を確認しておくのも大切です。入院先や介護施設で、アレルギー食材を避けるためです。アレルギーを甘くみてはいけません。全身がかゆくなったり、しびれたり、なかには命を落としたりすることもあります。

また、終末期には〝食〟が変化することを覚えておいてください。多くの高齢者が食べられなくなるのです。

今でも後悔していることがあります。介護施設に入所した祖母は、夕食を食べたくないと言うことが多く、私は「食べないとだめだから！」と、とにかく食べさせていました。涙を浮かべながら食事をしていた祖母を思い出すたび、ゾクッとするほど後悔の念にさいなまれるのです。

そして今、闘病中の父には味覚の変化が訪れています。大好きだったコーヒーやウナギの肝が苦すぎて「食べられない」と言うのです。おいしいウナギの肝を用意したときなどは正直がっかりしましたが、これも終末期の食の変化です。代わりに、病室でいっしょにアルバムを見たりしていますよ。

栄養ではもう救えない人がいることを知りましょう。そしてその人たちに何ができるかを考えてほしいと思います。

体・心

親がリタイアしたら

エンディングノートを書くのをすすめてみる

やっておくと、ここがラク

◆親のやりたいこと、大切にしていることがわかる
◆親の老後が充実したものになる

日本人の平均寿命を知っていますか？　２０１６年に厚生労働省から発表されたデータでは、男性80・79歳、女性87・05歳となっています。いよいよ男性も80歳台に突入しました。定年が65歳とすると、その後、第二の人生である約20年間は、働かずに生活を営むことになる計算です。

リタイア後、急に時間をもてあまして生きがいをなくしてしまう。すると一気に老け込んだり、認知症予備軍になったりします。

そうなると「仕事していたときは輝いてたのに……」「前はこんなんじゃなかった」と感じ、子どもはさみしい気もちになっていきます。

その気もち、よくわかります。でも、親が〝第二の人生〟に突入した事実を受け止めてください。日々の過ごし方、人生の楽しみ方が変わることを受け入れてください。

そうはいっても、第二の人生を豊かなものにしてほしいですよね。

そのためには、**QOL（Quality of Life：人生や生活の質）を保ちながら、人生を送ることが大切です。**すなわち、生きがいや夢、心の支えですね。

親がリタイアしたタイミングで、どんな生き方、プランを考えているか、聞いてみましょう。エンディングノートを書いてもらうのもよいですね。エンディングノートとは、リタイア後の第二の人生をどう生きるかを整理する、書き込み式ノートです。書店や文具店で購入できますし、私が開催する講座ではオリジナルノートを配布しています。

講座では、このエンディングノートに実際記入してもらうのですが、生き方や大切にしていることを、自分自身でわかっていない人がじつに多いです。

先日のセミナーでも〝人生で大切にしてきたこと〟を明確に表現できた高齢者は30人中6人ほど。ほとんどの人が漠然としていて、文字にすることができませんでした。とても残念なことですが、これは仕方ないことだと思います。

日本は〝和〟を重んじる文化。全体が決めた世界観が優先され、〝個〟がどのように感じるかは二の次だったわけです。とくにむかしは。だから、「あなたはどんな人生を送りたいか？」という根源的な問いに答えられる人は少ないのかもしれません。

そんな場合でも、責めずにゆっくりと耳を傾けて、言葉を引き出してください。

「前はよくダンスしてたじゃない？」「最近ゴルフ行ってる？」

などと、具体的なキーワードを出すと答えやすくなると思います。

- 老後はボランティアに打ち込みたい
- 1か月に一度は、孫と会いたい
- 船で世界一周旅行をしてみたい
- パソコンを使いこなしたい

こんなプランがどんどん出てくるようになったらうれしいですね。

体・心

なるべく早めに

どこで最期を迎えたいかを聞く

やっておくと、ここがラク

◆介護や治療の指針になる

親の死に場所。考えたことありますか？

これは子どもが決めるのではなく、親の希望を聞いてほしいのです。おそらく候補としては〝自宅〟〝子どもの家〟〝病院、介護施設〟。こんな感じになると思います。どこにするかで、最後の生き方が変わってくるでしょう。

最期の場所を決めることは、人生のゴール地点を決めること。だから**死に場所を決めるのは、子どもではありません。親がするべき最後の仕事です。**

ゴールが決まれば、できるだけそれに近い形にするために、子どもはサポートに徹する。**それが親を看取る覚悟です。**

ただし、いきなり「お母さんってどこで死にたい？」とは言い出しにくいですね。親の好きな芸能人や著名人を例に出して、まずは世間話でもするように話すのがおすすめです。

「登山家の三浦雄一郎さんって、エベレストで死ねたら本望だって言ってるよ」

「お母さんの好きな芸能人の○○さんって、死ぬときは大好きなハワイがいいんだって」

こんな感じで切り出すのはどうでしょう。

すぐには、自分の最期を考えられない親もいるでしょう。でもこれは近いうちに必ず決めてほしいこと。

「決められるときがきたら教えてほしいの。でも、ずっと先のことでもないよね」

と伝えてください。なぜなら、先ほども言ったように、死に方を決めるのは親の仕事だからです。第三者が決めることではないのです。

「お母さん、本当にこれでよかったのかな……って、私が後悔しないためにも必ず教えてね」

と子どもの立場から話してみてくださいね。

体・心

なるべく早めに

幼かったころの話をしてみる

やっておくと、ここがラク

◆ 親を理解する助けになり、思い出話は心の栄養にもなる
◆ 体質に合った生活を選べるようになる

親も一個の人間です。

ずっと親だったわけではなく、私たちと同じように、恋愛したり、結婚したり、就職したり、病気になったりと、さまざまな人生を歩んできています。

親との関係がうまくいっていない人は、親としての一面しか知らないから、小うるさくて、面倒な存在と思ってしまうのかもしれませんね。

親の幼かったころの話を聞くことで、「うちの親って堅物だと思っていたけど、む

かしはけっこう遊んでたんだ。私のこと言えないじゃん（笑）」などと、身近に感じられるかもしれません。

また、親の思い出話には、祖父母や親のきょうだいも登場するはずです。「おじいちゃんは、お母さんが小さいときにがんで亡くなったの」「兄貴は体が弱くてよく風邪をひいてたな」「うちの家族はおいしいものに目がなくて、みんな太ってた」など、親の両親、親戚などの病歴、体格、性格が見えてきます。

そこから「うちはがん家系」「心筋梗塞《しんきんこうそく》や脳梗塞《のうこうそく》で亡くなっている人が多い」「ストレスに弱い」など、**代々受け継がれているウイークポイントがわかってきます。**

その情報は親とあなたの今後の生活に生かせるでしょう。「親戚に肺がんで亡くなっている人が多い。喫煙はリスクが高いから禁煙しよう」「うちの家系は肥満体質だから、運動不足やカロリー量に気をつけよう」など、病気のリスクを未然に回避し、自分に合った生活を選べるようになります。

なるべく早めに

親のなれそめを聞く

やっておくと、ここがラク

◆親の恋愛トラブルにショックが少なくなる

けっして、驚かないでくださいね。

介護施設で恋愛のトラブルを起こしたり、病院でセクハラ行為をしたりする高齢者は意外に多いのです。それが理由で介護施設などから呼び出されることもあります。

親の恋愛や性欲なんて想像できないかもしれませんが、しょせん親も人間。高齢者だからといって、性交渉がまったくないわけではありませんし、なかには老いてからますます盛んになる人もいます。風俗店で死亡する高齢者もいるくらいです。

いざトラブルが起きても冷静でいられるように、親の恋愛観を今のうちに知ってお

きましょう。


両親のなれそめは、親の恋愛観を知る助けになります。お酒の席などで、気軽に聞いてみてはどうでしょう。

「お父さんとお母さんってどんなふうに出会ったの？」「どっちから声をかけたの？」「どんなとこがよかったの？」

そんなふうに話を聞き出すことで、「お父さんってじつは一途なんだね」「お母さんってけっこうほれっぽいね！」などと、ふたりの恋愛観が見えてくるかもしれません。


また、今のふたりの夫婦生活も見えてきます。

「お父さん、むかしはやさしかったのに、今じゃ、私の話を聞いてもくれない」と母親が愚痴《ぐち》をこぼすかもしれません。

最近は熟年離婚も増えているので、ガス抜きをさせることも必要です。

ぜひ〝子はかすがい〟の役割を演じてみてください。よいところ・悪いところ含めて、意外と「ああ、私ってふたりの子どもなんだな」と感じられるかもしれませんよ。

体・心

いつでも

「ありがとう」を具体的に伝える

やっておくと、ここがラク

◆「ありがとう」は感謝の気もちをいちばんシンプルに伝えられる
◆親に生きる活力、勇気を与える

親に感謝の気もち、伝えていますか？　親が死んだら、「ありがとう」の言葉は二度と届きません。自分が後悔しないためにも、言葉に出して具体的に伝えましょう。とくに年をとると、「生きている価値がない」という思いにとらわれがち。だからこそ、伝えることに意味があります。

プロゴルファーの友人は、子どものころ厳しくしごかれたので、プロになって親元を離れるのがとってもうれしかったそうです。でも今考えると、プロとして自分が存在するのは父親のおかげ。「ありがたい」と心から思えるようになったそうです。

あなたにも、大人になって気づく親のありがたみがあるはずです。

・お弁当を一日も休まずつくってくれた

・会社を休んで授業参観に来てくれた

など、照れくさくて感謝を伝えられずにいることが、いくつもありませんか？

「ありがとう」は、だれかの役に立ったという証《あか》し。言われることで、生きていてよかったと思える究極の言葉です。「あのとき、○○してくれてありがとう」と感謝の気もちを具体的に伝えましょう。


思い切って言葉に出して、親が自分にとってありがたい存在、生きていてほしい存在であることを知ってもらってください。親を勇気づけ、生きる力を与えます。

子どもは「親って押しつけがましくて余計なことばかりする」と感じ、親は「せっかくやってあげているのに、何の感謝もない」と感じているものです。親子ですれ違っていた感情を「ありがとう」で結びつけましょう。

やっぱりまだ言えない……という人は、いつか言えるように「ありがとう」をためておけるとよいですね。

体・心

いつでも

親にしてあげたいことを、言葉で伝える

やっておくと、ここがラク

◆好意でやっていることが、じつは負担になっていた……ということがなくなる
◆親の本当のニーズがわかる

親のためによかれと思ってやっていることが、大きなお世話になり得る現実もあることを忘れないでください。

日本には〝阿吽《あうん》の呼吸〟〝ツーカーの仲〟といった言葉があります。とくに親子なら、お互いのことを理解していて当然という空気がありますね。でも本当でしょうか?

たとえば、「家族みんなで旅行をすれば、親は喜ぶに違いない」という考え。

実際は「体調が悪いから旅行なんて行きたくなかった」「旅館じゃなくてホテルが

よかった」などと、親は不満を募らせているかもしれません。そしてあとから文句を言われて「せっかくしてあげたのに！」「だったら早く言ってよ！」とケンカに発展するケースを多く見てきました。

そうならないように、「今度、みんなで旅行するのはどう？　今、体調どう？」「どこか行きたいところある？」と、あらかじめ親の希望を聞いてみましょう。

「面倒くさいから嫌だ」と、ハッキリ断られてがっかりすることもあるでしょう。思っていたような反応が返ってこないことも多いでしょう。

でも人間ですから、計算どおりに動きません。そう考えるとラクになりませんか？

「血がつながっているから、わかってくれるはず」というのは、親子にありがちな大きな勘違いです。

むしろ全然わかってないし、わからなくてもよいのです。年齢も違うし、生きてきた時代も違うのですから。

だからこそ聞くし、聞かれる。断るし、断られる。それが対等な関係です。

ひとりよがりではなく、親にとっても、子どもにとっても、楽しい思い出をたくさんつくっておきたいですね。

親の元気なうちに、してあげたいことをどんどん言葉にして伝えてあげてください。

CHAPTER 2

病気・介護の話

病気・介護

いつでも

親の認知機能を知っておく

やっておくと、ここがラク

◆親の認知症に、初期段階で気づくことができる

親が認知症になる。

これは多くの人がおそれていることです。

子どもや孫の名前がわからなくなる。徘徊《はいかい》をする。食事を済ませたのに、まだ食べてないと言い張る――。

こういった症状を目の当たりにすると、まるで親が壊れていくような、人間ではなくなっていくような感覚に襲われます。そして、「恥ずかしい」とか「自分の親はこんなではない」といった感情が湧き出るでしょう。私も認知症の祖母を介護したので

よくわかります。

でもこれだけは覚えておいてください。**認知症は脳の病気。**風邪といっしょで、だれでもかかる可能性のある〝病気〟です。

厚生労働省が２０１５年に発表した試算によると、認知症患者は２０２５年には７００万人を突破し、65歳以上の５人に１人は認知症になるとのこと。もはや国民病といってもよいかもしれませんね。だから親を責めたり、恥ずかしがったりするのはやめましょう。とても無意味なことです。

ちなみに〝認知症〟と〝物忘れ〟は、まったく異なります。物忘れは老化現象です。

物忘れと認知症の違い

・体験した内容の一部を忘れる　⇔　体験したこと自体を忘れる
・ヒントを出すと思い出せる　⇔　ヒントを出しても思い出せない
・忘れたことを自覚している　⇔　忘れたことを自覚できない
・物忘れの症状は少しずつ進行する　⇔　認知症の症状は急速に進行する
・なくしたものを自分で探そうとする　⇔　なくしたものをだれかに盗まれたと言う

・最近使わないものや会っていない人の名前が出ない　⇕　よく使うものや会う人の名前が出ない

「きのうの夕飯に何を食べたか忘れた」「最近知り合った人の名前が思い出せない」などは、どれも年をとれば自然な話。

認知症になると、体験したこと自体をすっぽり忘れてしまいます。自分が認知症ではないか？　と疑うことすらありません。

もし先ほどの項目で気になることがあるなら、さらに次の項目を見てみましょう。

認知症のチェックポイント

□同じ服ばかりを着ていないか
□そうじをしているか。ごみ出しをしているか
□料理をしているか。コンビニ弁当ばかりに頼っていないか
□財布や鍵など、ものを置いた場所を覚えているか
□5分前に聞いた話を思い出せるか
□いつも同じことを質問してこないか

□今日が何月何日かわかるか
□貯金の出し入れ、家賃、公共料金の支払いができるか
□ひとりで買い物に行けるか
□電話番号を調べて、電話をかけられるか

いくつもあてはまるなら、一度、脳外科を受診してください。早くわかれば、そのぶん時間稼ぎができるからです。

認知症にも段階があります。私の祖母の場合、部屋の壁に糞尿《ふんにょう》を塗りつけてからやっと、これは異常事態だと気づきました。そのときには、取り返しがつかないところまで症状が進んでいたのです。今でも「もっと早く気づいていれば……」と思わずにはいられません。

現在はよい薬が開発されています。早い段階で気づければ、進行を遅らせることもでき、認知機能の一部が回復することもあります。

自分が後悔しないためにも、ふだんから親の言動に変化がないか、帰省の際などにチェックしてみましょう。

病気・介護

親の衰えを感じたら

親の代理で判断する人を決める

知っておくと、ここがラク

◆親本人が判断できなくなったとき、責任の所在が明確になる

あなたの親も、これから認知症になって判断能力が落ちたり、脳梗塞《のうこうそく》で突然話せなくなったり、交通事故で意識がなくなったりするかもしれません。

そんな場合「どこの介護施設に入所するのか」「どんな治療を取り入れるのか」など、**本人のパートナー、もしくは子どもたちのだれかが、代理で判断することになります（代理判断者）**。

よく起こるトラブルは、複数の子どもがいる場合です。たとえば妹（親の子ども）が親を介護施設に入れると決めた際に、姉から

「私はそんな話聞いていなかった」「お父さん、本当にそれ望んでたの？」と横やりが入ります。すると妹も「お姉ちゃん、勝手に決めてって言ってたよ」「前に話したじゃない！」となり、責任のなすりあいに発展することが多々あります。親のことでもめるのは、精神的ダメージがとても大きいです。仲がよいきょうだいが葬儀場や病院でケンカする姿を幾度となく見てきました。そうならないために、親のことを決める際の責任の所在、つまり代理で判断する人を明らかにしておきましょう。そして**決定事項は必ず家族みんなで共有し、相談ごとがあるときはきょうだい全員に同席してもらってください。**代理判断者は、けっして勝手に判断する人ではありません。

代理判断者は医者や看護師、介護職のスタッフと話し、状況を理解し、その都度判断を下す人です。医療や介護制度の知識を理解できる能力を求められるため、代理判断者は高齢者のパートナーより、子どもが安心です。インターネットで検索したり、周囲のネットワークを活用できたりするからです。残されたパートナーは老化が進むなか、不安を抱えています。

あなたが代理に判断をし、安心感を与えられるとよいですね。

病気・介護

親の衰えを感じたら

体の自由がきかなくなったときの住む場所を話し合う

知っておくと、ここがラク

◆介護のできる環境を整えておくことができる

医療制度が変わったことで、認知症などの高齢者は長期入院ができなくなりました。私の祖母は認知症と骨折を同時に患いました。ひとまず近くの病院に入院させてもらいましたが、そのときに病院から言い渡された猶予《ゆうよ》は、たったの2週間。つまり2週間で退院後に住む場所を見つけなければならなかったのです。

正直、体が不自由になったとき、認知症になったときに住む場所なんて、まったく考えていませんでした。祖母に「退院後はどこに住みたい？」と尋ねても、もうまともな返答は不可能な状態。だから60ページの「どこで最期を迎えたいかを聞く」の答えをもとに、住む場所も話し合っておくとよいですね。

体が不自由になると、選択肢は大きく分けて〝自宅〟か〝居住型の介護施設〟のどちらかになります。「家で最期を迎えたい」なら、介護施設や病院ではなく、自宅で療養することになります。在宅介護ができるかどうか、つまり

- **訪問看護やヘルパーさんがすぐに来られる環境があるか**
- **住環境はきちんと整えられているか。バリアフリーになっているか、手すりなどはついているか。介護のための部屋が空いているか**
- **お風呂やトイレの介助、おむつ替えなど、手助けをしてくれる人は近くにいるか**

などがポイントになってきます。やっぱり自宅はむずかしそう……となれば、介護施設を探すしかありません。

親と子どもが遠く離れて暮らす場合は、どこの施設に入居するか悩みますが、もし親が住み慣れた土地を離れたくないなら、無理やり引き離すことは避けましょう。地方のほうが、介護費用が安くきめこまかくケアしてもらえることもあります。

離れて暮らすと、頻繁《ひんぱん》に会えませんが、そんなときはメールやＳＮＳなどを使って、家族みんなでお互いの近況を共有できるとよいですね。

病気・介護

親が元気なうちに

一度、高齢者総合相談センターに行ってみる

やっておくと、ここがラク

◆どんな支援が受けられるのか確認しておける

いざ介護をするときに最初の窓口となるのが、各地域に設置されている高齢者総合相談センターです。地域によっては〝地域包括支援センター〟とも呼ばれます。各市区町村に最低ひとつは設置されていて、全国に4000か所以上あります。

地域によって独自のサービスがあるので、最寄りのセンターがどこにあるのか、どんな支援を行なっているのか、一度訪れてみましょう。

市区町村の福祉担当窓口に問い合わせると、その地域のセンターがどこにあるのか確認できます。

センターでは所属する保健師、社会福祉士、ケアマネジャー、看護師などが連携をとりながら、相談に対して具体的な提案をしてくれます。もちろん、相談にお金がかかることはありません。高齢者のための何でも相談所のイメージですね。

たとえば、こんな相談ができます。

・離れて暮らしていて、親のひとり暮らしに不安がある
・ボランティアへの参加など、社会に役立つことがしたいと親が言っている
・ごみ出しや買い物がひとりでできなくて困っている
・要介護認定を受けたい
・介護保険制度についてくわしく知りたい
・いつまでも元気でいられるように、体を動かす講座を知りたい

高齢者総合相談センター以外では、社会福祉協議会、保健センター、民生委員、病院の相談窓口でも、介護について相談できますよ。

病気・介護

親の体や認知機能に
異変が起きたら

介護認定を受けて、サービスを受ける

知っておくと、ここがラク

◆1割または2割負担で介護サービスを受けられる

体に問題が生じて、介護保険のサービスを受けるには、要介護認定を取得しないといけません。認定の申請は、家族やケアマネジャーが代行することもできます。そのためにも76ページでお伝えしたとおり、介護が始まる前に介護や医療について代理で判断する人を決めておくことが大切です。

認定されれば、要介護度に応じて、1割または2割の自己負担で介護予防サービス、介護サービスを受けられます。これはとってもお得な制度なので、ぜひ申請をしてください。親が要介護なんて恥ずかしい……なんて絶対に思わないこと。あなたの身体的負担、精神的負担を軽減してくれる便利な制度です。

認定前に介護サービスを利用すると、全額自己負担になってしまうので注意が必要です。サービスを受けるには、次のような手順になります。

①親の住んでいる市区町村（高齢者総合相談センター）に要介護認定の申請をする
②申請と同時にケアマネジャー（ケアマネ）を選ぶ
③市区町村の調査員が来て、訪問調査を受ける
④認定結果が出る
⑤要支援・要介護度によって、ケアマネといっしょにケアプランを作成する
⑥介護サービスを行なう事業者を選び、契約する
⑦介護サービスの開始

実際にサービスを受けてみて、「要支援1でリハビリテーションを受けているけれど、この運動は体に負担が大きい」など、合わないところが見つかれば、ケアマネと相談してプランを変更することもできます。

また、一度申請して介護認定が受けられなくても、急に状態が悪くなれば、何度でも要介護認定を受け直すことができますよ。

病気・介護

介護認定を申請するときに

ケアマネジャーを選ぶ

やっておくと、ここがラク

◆ケアマネは介護のプロデューサー的存在。ケアマネしだいで充実した介護サービスを受けられる

介護認定の申請と同時にケアマネジャー（ケアマネ）を選びます。ケアマネは、介護保険サービスの仕組みやサービス内容を説明してくれ、ケアするためのプランを立ててくれる介護のプロデューサー的な存在。要介護認定を申請する際、高齢者総合相談センターで紹介してもらえます。以下のような流れでケアマネを選定します。

①高齢者総合相談センターの窓口で、ケアマネのリストを見せてもらう
②候補者をピックアップする

③ケアマネの評判を介護サービスの利用者や主治医などに聞いてみる

④実際に会って面接する

⑤ケアマネ決定

ケアマネは介護サービスの事業所に所属しているので、自分が利用したいサービスと紐《ひも》づくケアマネを選ぶのもひとつの手です。

また、ケアマネは介護福祉士、理学療法士、作業療法士、看護師など、所有する資格によって得意分野があります。たとえば、骨折によって体の機能が低下してしまった人は、リハビリ中心のサービスを受けたい。それなら理学療法士の資格を有するケアマネにする、という選び方をしてもよいでしょう。

どんな事業所に所属しているのか、どんな資格があるのか、ケアマネのプロフィールは必ずチェックしておきましょう。ケアマネが介護の鍵をにぎっていると言っても過言ではありません。

いざ介護支援が始まると、親とケアマネの相性が悪いこともあります。結局は人間関係なので、我慢する必要はありません。そういうときは、ケアマネが所属する事業所か高齢者総合相談センターに相談して、選び直しましょう。

病気・介護

介護保険サービスを受けるときに

ケアマネジャーといっしょにプランを考える

やっておくと、ここがラク

◆親が納得して介護サービスを受けられる

ケアプランをケアマネジャー任せにしていては、よい介護はできません。介護は本人だけの問題ではないので、家族も率先して希望を出して、よりよいプランを作成していきましょう。

ケアプランを立てる際には、ADL（食事、排泄《はいせつ》、入浴などの日常生活動作）、IADL（買い物、料理、家事、洗濯など、ADLより複雑な暮らしのための基本動作）、CADL（楽しみ、生きがいなどの本人らしさ）をバランスよく支援できるように考えていきますが、現状の介護サービスではADLとIADLの支援にかたよりがちです。

親の生きがい、楽しみといったCADLの支援までは、なかなか行き届いていないのが実情です。なぜなら、ここをフォローできるのは、ケアマネではなく家族だからです。

57ページの「エンディングノートを書くのをすすめてみる」でも話しましたが、生きがいや夢、楽しみ、価値観などの本人らしさを優先しながら最善の方法を選択すること。これがQOL（クオリティー　オブ　ライフ）の向上につながります。

ケアありきではなく、QOLをよりよく保つためには、どんなケアが必要かを考えていきましょう。

初めて介護の現場に直面すると、ケアマネを頼り切って、なんでも言いなりになりがちです。

でもケアマネはふだんの親を知っているわけではありません。

親をよく理解している子どもも、ケアマネといっしょにプランを考えて、本人が楽しく取り組んでいけるようなケアプランを考えてみてほしいと思います。

介護施設は、特養、有料、グループホームを見学する

やっておくと、ここがラク

◆老後のイメージができて、ライフプランが立てやすい
◆介護が必要になったときに、あわてずに済む

介護施設は、必ず見学してください。なぜなら施設でのトラブルがあとを絶たないからです。職員が高齢者をベランダから突き落として死なせる事件や、いじめや嫌がらせ、窃盗なども起きています。しかもこれは低料金の施設に限ったことではありません。**高いお金を払っているから大丈夫！　という思い込みは危険です。**

マンションを借りるときは必ず下見に出かけるはずです。介護施設も人が暮らす場所。同じ感覚できちんと下調べをしてほしいと思います。できれば、親が定年を迎え

たタイミングでいっしょに見学できるとよいですね。お金がどれくらい必要になるかもわかります。

介護サービスによって入居できる施設は今のところ

・介護老人福祉施設（特別養護老人ホーム〈特養〉）
・介護老人保健施設（老健）
・介護療養型医療施設（療養病床）（2018年までに廃止の予定）

の3タイプ。これらは公共型で安価な介護施設ですが、待機者が多く、何百人待ちもざらの状態です。

比較的お金に余裕があるなら、有料の老人ホームを候補にあげてよいでしょう。ただ、公共型と違って新規参入の運営会社が多く、サービスにばらつきがあります。

その他、5〜9人が1グループになって共同生活をするグループホームがあります。自分たちで調理を担当するなど自立型で家庭的なケアが人気です。

それぞれ特徴があるので、**見学は最低でも、特養1か所、有料3か所、グループホーム1か所は行っておきましょう。**見学は入居希望者向けのイベントを行なっていない日に行ってください。入居者のふだんの生活が見られます。

とはいっても、よい介護施設をどう見分けたらよいのかわかりませんよね。チェックポイントをご紹介しましょう。

よい介護施設の見分け方

□高齢者をずっと車いすに座らせていないか
□イベント（麻雀、囲碁、料理教室など）を開催しているか。掲示板などをチェック
□ひとりひとりの身体機能にあった支援がされているか。いすやテーブルをチェック
□入居者によって、対応がカスタマイズされているか。声かけの内容などをチェック
□高齢者が声を発しているか、入居者どうしの交流はあるか
□施設の職員が、入居者に話しかけているか

仕事柄、いろいろな施設へ行きますが、それぞれまったく異なる雰囲気です。施設があたらしくて清潔。職員の制服に統一感がある。対応や声かけがマニュアル化されている。こんな施設は、一見すごくよさそうですが、避けたほうがよいです。見た目がよいだけで、介護の質という視点からは疑問が残ることが多いからです。

逆に、**ちょっと雑多で生活感のある施設のほうが、入居者のみなさんが元気に過ごしている印象があります。**また職員の格好も、それぞれが動きやすいように工夫していたり、入居者によってかける言葉を変えていたりする施設は、満足度が高いですね。介護施設に入所した祖母に会いに行ったとき、2時間で「何の話をしているの？」と10回くらい声かけがありました。いい意味で監視されている、絶えず目を配ってくれる職員がいるよい施設でした。

見学すると、「やっぱり私は介護施設には入りたくない」と言い始める親もいるでしょう。そうなったらそうなったで、**子どもの側も早いうちに在宅介護の覚悟を決め、準備ができます。**在宅介護も日々進化しています。事前に知識を蓄え、準備をしておくと、いざというときにあわてなくて済みます。

介護施設を見学して現実が見えてくると、子どもの側も不安を覚えるかもしれません。それはごく自然な感覚。そんなときは、最寄りの高齢者総合相談センターに相談に行ってみましょう。

病気・介護

親が元気なうちに

だれに世話を頼りたいかを聞く

やっておくと、ここがラク

◆人に頼ることはストレスでもある。その親のストレスを少しでも軽減できる

76ページでお話しした、介護や医療について代理で判断する人が長男に決まったからといって、体の自由がきかなくなったときに親の頼りたい人が、同じ長男だとは限りません。

介護をしてもらうことは、とてもプライベートで、恥ずかしい部分を見られることでもあります。他人に体を触られることに、慣れていない人もいます。おむつ替えや、食事の介助をしてもらうなら、長男ではなく女性である長女がよいということも。

ある女性はがんで寝たきりになっても、夫にはけっして下の世話をさせなかったそ

うです。一方、夫のほうも「妻の下の世話だけはどうしてもできなかった」と言います。長年連れ添った夫婦であっても、そんな調子です。

本当は抵抗がある人に介護してもらうのは、親もストレスです。病気になったり、体が不自由になったりしたら、なるべくストレスなく、気分よく過ごしてもらいたいものですね。

私の父の場合、入院10日後に自分で排泄《はいせつ》したことがわからなくなりました。

「おむつの中を見てくれる？」

と父が言うのでのぞくと、たくさんの便が出ていました。

「気もち悪いでしょう。きれいにしよう！」

と提案すると

「恥ずかしいから、ママが来てからにする」

と拒んだので、母を待っておむつを替えることになりました。

その後、母だけではなく看護師の方にもお願いするようになりましたが、私が替えることは許してくれませんでした。

このように、人に頼らなければ生きられないことが、屈辱的に感じる気もちがあることを理解してください。

介護中でも本人の自尊心を保つことが重要です。そのためには手助けをするときには必ず声かけをしましょう。

あなたの助けが、押しつけでおせっかいな行動になるのか、親切な行動になるのかは、相手が決めること。「介護してやってる」「世話してやってる」と、あなたが決めることではないのです。

老後は「だれに面倒を見てもらいたいのか」「だれと暮らしたいのか」「だれが心の支えなのか」の3つは、確認しておきましょう。

すべて同じ人かもしれないし、どれも別という親もいるかもしれません。自分がどの役割を担当することになるのか、親が元気なうちに知っておけば、心の準備ができますね。

病気・介護

親の介護が始まる前に

親の入れ歯を洗ってみる

やっておくと、ここがラク

◆自分がどこまで親の介護ができるか、限界値を知ることができる

親の入れ歯を洗う。

ギョッとした人も多いでしょう（笑）。絶対に無理！　と感じるかもしれませんね。でも介護の現場ではもっと刺激的な場面に遭遇します。たとえば、親の排泄物《はいせつぶつ》を処理すること、お尻の穴を洗うことです。介護が始まったら、日常茶飯事になることも。

だから一度、親の入れ歯を洗えるかどうか、試してみてほしい。**自分がどこまでできるのか、自分の限界値を知ってほしいのです。**

実際、動けない高齢者を自宅で介護すると、口内環境を清潔に保つために、口の中

を指で洗うことが求められます。高齢者は顔の皮膚がたるんでいるので、歯と頬の間に食べ残しがそのままになって、炎症を起こしやすくなるからです。

人間、火事場のばか力が出て、いざとなればできてしまうことも多いのですが、平常時の自分はどういう感覚なのかを知っておくと、心の準備をしておけます。

どうしても「生理的に無理！」という人も、ワークをこなすつもりで一度は親の入れ歯を洗ったり、下着を手洗いしたりしてみてください。

そこに感情はもち込まず、その役割を演じて体験してみること。

「意外に何とも思わずにできた」「やっぱり無理……」など、さまざまな気づきがあるでしょう。

どうしても無理な場合は、ヘルパーや介護士など、他の人に頼むこともできます。

あらかじめ、自分でできること、できないことを知っておけば、できないことは他人に任せるという判断を、瞬時に下せるようになるのです。それはけっして悪いことではありませんよ。

ただし、病院での検査や入院時、介護時の食事後では、入れ歯をはずす機会が多いので、その場にいるだれかが補助しなくてはいけない場面も訪れます。

入院中の父の食事後、父は何も言わず入れ歯をはずし、私に渡してきました。それは、以前病院に行ったとき、父の入れ歯をきれいに洗った経験があったからだと思います。入れ歯についた食べかすを歯ブラシできれいに洗い、父に返すと、ニコッと笑って受け取っていました。

本人にとっては入れ歯のそうじは日常のこと。口に入れているものですから汚いなどと思うことはありません。でも、入れ歯を扱ったことがなければ不快に思う人がいることもわかります。だから一度、チャレンジしてほしいと思います。

病気・介護

親が元気なうちに

お見舞いに来てほしい人を聞く

やっておくと、ここがラク

◆入院時に、すぐに来てほしい人を呼ぶことができる

健康なうちに、親の交遊関係を知っておくことは大切です。いざ入院したときに、親が会いたがっている人をすぐに呼べるからです。

入院して心身が弱っているときは、友人に会うと励みになる人がたくさんいます。早く退院して元気な顔を見せなきゃ！　などと、やる気を後押ししてくれますよ。

親が急に倒れたときに連絡を入れるべき相手をまとめました。優先度が高い順番になっています。

① 親の子どもたち

②親の親戚（親のきょうだい、叔父叔母など親しい人から）
③親の親友（事前に聞いてなるべく早く）
④親の近所の人（親しくしている人、お世話になっている人）
⑤親の仕事関係の人（リタイア前なら、③と同レベルの優先度）
⑥親の趣味関係の人（所属している同好会、団体の関係者）
⑦親の元パートナー（もし別に暮らす親の実子がいれば早めに）
⑧遠い親戚など

ただ、生死にかかわる病気の場合は、まわりの人にも知らせるかどうか、子どもだけでは判断に困ります。「病み疲れた顔なんて、だれにも見られたくない」「大騒ぎしてほしくない」という親もいるかもしれません。親の死生観、人間関係が問われることなので、事前に親の希望を聞いておいたほうがよいでしょう。

なかには、親が亡くなったときに「お見舞いにも呼んでくれないなんて水くさい。生きているうちに会っておきたかった」と言う人も出てくるかもしれません。

これではだれにとっても悔いが残ることになります。

あえてお見舞いを受けることも、ときには元気な人への恩返しにつながります。

病気・介護

親が元気なうちに

延命治療について話し合っておく

やっておくと、ここがラク

- 命の終わり方を決めるのは重責。親が決めたことなら、自分も納得して遂行できる
- 無駄な医療費を払わずに済む

基本的に医者の目的は、人間の命を1秒でも長く生かすこと。治療を止めることはありません。殺人になってしまうからです。

だから、**延命治療をするかしないかは、親と子どもで共有しておいてください。**延命治療とは病気の完治が目的ではなく、延命することが目的です。

親の希望を聞かずに延命治療を止める決断をすると、後々、「私がお父さんを殺したんじゃないか」

という気もちにさいなまれます。これは、一生涯、あなたの心に深い爪痕《つめあと》を残します。

そうならないためにも、延命治療については親本人に判断してもらっておくのがベスト。

あなたが、〝医療について代理で判断する人〟になったら、親の希望にそって進めていけばよいのです。結果的に親が亡くなっても、「これはお父さんが決めたことだから」と納得して乗り越えていけます。

延命治療には次のような種類があります。

・人工呼吸器
・人工栄養、水分補給
・経腸栄養法（胃や鼻にチューブを挿入して栄養を送り込む）
・静脈栄養法（血液に栄養を送り込む）

などです。医者からははっきりと「延命治療をしますか？」と聞かれることは少ないので、治療の説明を受ける際に確認しましょう。

延命治療以外にも「痛いのは絶対嫌だ」「苦しみたくない」など、治療の指針になる希望も聞いておくといいでしょう。医者や看護師の言いなりではなく、親にとって何が快適なのかを考えてください。

また、延命治療をしたことで、予想外の医療費がかかるのも事実。ドライな考え方かもしれませんが、本人が希望していないことにお金をかけるのが、お互いの本当の幸せにつながるのか、考えてみるとよいですね。

CHAPTER 3

お墓・お葬式の話

お墓・
お葬式

お盆やお彼岸の機会に

いっしょにお墓参りをする

やっておくと、ここがラク

◆供養環境が明らかになり、今後の参考になる

この章は、お墓やお葬式についてのお話です。とくにお墓のことで悩んでいる人は多く、よく相談を受けます。この機会に一度、整理してみましょう。

最後にお墓参りに行ったのはいつですか?

ぜひ一度、親といっしょにお墓参りをしてみてください。お墓をそうじしながら、戦争で亡くなったおじいちゃんのこと、美人で評判だったおばあちゃんのこと。ふだん話さないことを聞ける、すてきな時間となるはずです。

お盆、お彼岸、年末年始、自分の結婚などをきっかけに、親を誘ってみましょう。

また、お墓の場所や詳細を知ることもできます。つまり、**自分の家の供養環境が明らかになります。**たとえば

・菩提寺《ぼだいじ》（先祖代々のお墓がある寺）の有無
・墓地の形態（境内《けいだい》墓地、民間霊園、公営霊園）
・納骨方法
・お葬式の仕方

これらは、親のお葬式を執り行なうときやお墓を継承するときに必要な情報です。実際にお墓を訪れたら、だれがそのお墓に入っているのかも確認しておくといいですね。

祖父母の葬儀の話も聞いておけば、お寺に渡すお布施や、戒名にどれくらいかかるのかが、わかるかもしれません。これは親のお葬式の際の参考にもなります。

現代では、独身世帯や子どもがいない世帯も多く、お墓をだれが継いでいくのかが大きな問題になっています。

しかし、お墓は財産です。無駄にする必要はありません。親といっしょにお墓参りすることをきっかけにして、今後そのお墓をどうするか考えていきましょう。

お墓・お葬式

親が元気なうちに

菩提寺、お墓の場所、継承者を確認する

やっておくと、ここがラク

◆どのようにお墓を守っていけばよいかがわかり、親のお葬式や供養の手がかりになる

◆菩提寺との付き合いがスムーズになる

だれもお墓を継ぐ人がいないまま時間が経過すると、お墓から遺骨を取り出され、墓地内の他の無縁仏といっしょに合祀《ごうし》されてしまいます。いわゆる〝無縁墓〟です。

2004年の調査では、無縁墓は4500人ぶんだったのに比べ、2011年には1万3000人、2012年には9000人、そして2013年には福井県、長野県、長崎県をのぞく全国44の都道府県で、合わせて約9000人ぶんの墓が無縁墓として報告されています。増加傾向であることは間違いありません。

先祖から受け継いできたお墓を今後も守っていくなら、継承者をだれにするのか、早い段階で考えましょう。従来は、長男がその役割を果たすことが多かったのですが、今は少子化で子どもに女性しかいない家庭も多いでしょう。だれが墓を守るのか、明確にしたほうがよいですね。

まず大きなポイントは、菩提寺《ぼだいじ》です。先祖代々のお付き合いのあるお寺のことで、**菩提寺のある・なしは葬儀や供養にも大きく関係します。**

・菩提寺がある場合

お寺の宗派にのっとって葬儀を行なう必要があり、基本的に菩提寺と無関係に葬儀はできない。ただし菩提寺があっても、共同墓地や霊園にお墓がある場合は、菩提寺と葬儀や供養を切り離して考えることができる

・菩提寺がない場合

自由に葬儀、供養を選択できる。地方の地域共同体などが管理する共同墓地なら、どこが管理しているのか、親族でだれが中心になってお墓を継承しているのかを確認しておく必要がある。地元のお寺が管理や祭祀《さいし》を請け負っているなら、そのお寺で葬儀をしなくてはいけない

実家を離れてしまってお墓参りが負担だ、いろいろ面倒なので今後はお寺と付き合いたくない、という人も最近は増えています。

また、他に継承する人がいないため、母方のお墓、父方のお墓など、いくつも墓守をしなければいけない例もあります。墓守問題ですね。管理費や供養料、お布施などの出費がかさむケースが多々あります。

菩提寺やお墓の場所が遠くて負担になるなら、実家にあるお墓を子どもの家の近くに引っ越す〝改葬〟や、一部の遺骨を移動させる〝分骨〟を、選択肢に入れてもよいかもしれませんね。

ただし、改葬は勝手にはできないので、法的な手続や菩提寺に事情を話す必要があります。親族の合意も得たほうがよいでしょう。

改葬するときは、菩提寺から離檀料《りだんりょう》を請求されることもあります。離檀料は寺院の見解によってまちまちで、1000万円もの請求があったケースも。あまりにも高額な場合には、交渉したり弁護士に相談したりすることも考えましょう。

一方分骨は、法的な手続や離檀する必要がなく、トラブルが少ないように思えますが、分骨した骨をどこに納めるのかを考える必要があります。あたらしいお墓を立てるのであれば、そのぶん費用もかかります。

お墓は、親のためのものではありません。供養を続ける子どもや孫のものです。なかには「海の見える丘に墓を建てたい」「山の中に墓をつくりたい」などと言う親がいます。現実的でないと思うなら「そんなところに建ててもだれもお参りできない」と率直に伝えましょう。

また、自分やその子どもの代の負担にならないように、親が元気なうちに、**親の資産で解決しておくことです。**なにかと費用がかかるので、継承することになったら、経費を把握して、そのぶんは親から相続する遺産で充当できるようにしてもよいですね。

また、**トラブルになりそうなことや不安なことは、親の代で菩提寺と話し合っておいてもらったほうがスムーズ**です。

お墓・お葬式

お墓がないとわかったら

お墓がない場合、必要かどうかを話し合う

知っておくと、ここがラク

◆お墓がない場合、受け継がなくてはいけない決まりがないので、お墓やお葬式、供養の自由度があがる

親が長男でない場合は、入るべきお墓がないケースもあります。お墓がないことにあわてたり、がっかりしたりするのではなく、これをチャンスととらえてください。**お墓がなければ、お葬式や供養に関して格段に自由度があがり、選択肢も多く、より自分たちに合ったお墓を選べる**からです。

これからあたらしくお墓をつくるとしたら、以下のような選択肢があります。

・**境内墓地**

寺院が直接経営していて、寺院の境内の中にある墓地。檀家となる必要がある。永代使用料は100万~500万円（その他、墓石代・工事費・入檀料などがかかる）

・民間霊園

許可を受けた宗教法人や特殊法人が経営主体となり、一般企業が管理・販売委託を受けて運営している墓地。寺院経営でも宗教は問われないことが多いが、2柱目からは「お寺で葬儀をお願いします」となる場合があるので、契約内容をよく確認する。使用料は数百万円から（その他、管理費がかかる）

・公営霊園

都道府県・市町村の長が代表者となって造成・運営している墓地。管理費は民間霊園より割安で住民優先の場合が多い。宗教は不問。使用料は数十万円から(その他、管理費がかかる）

その他、最近では継承者を必要とせず、宗教不問、お布施不要の永代供養墓、お墓をつくらないあたらしいタイプの埋葬方法もあります。

・ロッカー式納骨堂、棚式納骨堂、自動搬送式納骨堂など

寺や管理者が家族の代わりに供養してくれる。三十三回忌までなど収蔵時期はさまざまで、それを過ぎると合同墓や供養塔に合祀《ごうし》される。一区画50万～150万円くらい

・**樹木葬墓地**

樹木や草花が墓石の代わりになる。料金は40万～50万円、合葬タイプなら10万円台のところもある

・**散骨**

遺骨を粉末にして海にまく自然葬のひとつ。料金は5万～30万円。費用は単独か合同か、また散骨する場所へ行くまでの参加人数によっても異なる

現在の法律では、お墓にいっしょに入る人についての決まりはありません。きょうだいや夫婦がふたりだけでお墓を立てることもできますし、夫婦がそれぞれ実家のお墓に入っても問題ありません。友人どうしでお墓をつくることもできるんですよ。

継承を前提としないお墓が増えてきて、先祖代々同じ家の者が入るべきという考え

方が薄れてきています。

ただ、お墓のように記念碑的なものがないと、気もちの拠《よ》り所がないと感じる人もいます。そのため、故人の意思で半分だけは海に散骨したけれど、あとの半分は、いつでもお参りできるようにお墓に納骨するという人もいます。

お墓は本来、親本人の意向よりも、残された人の気もちを整理する場所。心の拠り所となることも多いですね。

お墓に手を合わせに来れば、親に会える気がする。大事なことを親に報告できる気がする。そして何より慰められるような気もちになれる。そんなふうに感じる人も少なくないと私は思います。

費用が安いからという理由だけでお墓の形態を選択せずに、自分が、親の供養をどうしていきたいのかを考えながら決められるとよいですね。

お墓・お葬式

お墓について考えるときに

遺骨の行方《ゆくえ》を話し合う

知っておくと、ここがラク

◆遺骨を納めることで、気もちの整理もできる

電車や駅の忘れ物に〝骨壷〟が多いことをご存じですか？　生前、お墓や供養について話し合っておかなかったために、遺骨をどこに納めたらよいかわからない人が、意図的に忘れていくのです。

「そちらの葬儀社で火葬した遺骨ではありませんか？」と年に数回、警察から連絡があります。そのたびに、この方の魂は成仏《じょうぶつ》できるだろうか……と心が痛みます。

また、遺骨を自宅に安置する人もいます。本来だったら遺骨は、家の中ではなく仏

さまの養子として、お寺に出すもの。菩提寺《ぼだいじ》のお墓に納骨して、お寺の敷地内に住まわせることが基本です。

遺骨を手元に置いておくことは、お墓や供養の整理ができていないだけでなく、亡くなったこと、そして悲しみを受け入れられていない証拠でもあります。**遺骨を納めることは、悲しみを乗り越えるアクションのひとつ。**だから親が元気なうちに話し合っておき、亡くなったらスッキリと送り出しましょう。

現在ではお墓という形態ではなく、遺骨をプレート状モニュメントに加工したり、パウダー状にしてガラスのケースに収めたりして、形状を変えて供養する人も増えています。300グラムくらいの遺骨（成人男性の遺骨の4分の1くらい）で、約0・2カラットのダイヤモンドにもできます。ダイヤモンドに生まれ変わった遺骨を、前向きな気もちで肌身離さず身につけることもできますよ。

また、自宅で一定の期間安置することを想定して、その人らしい焼き物の骨壺を用意する人も増えています。

火葬してそのまま放置ではなく、納骨したり、形状を変えたりすること、つまり**供養するという行動で、悲しみと向き合い始めてほしい**と思います。

お墓・お葬式

お墓について考えるときに

どんな供養がうれしいかを聞いてみる

知っておくと、ここがラク

- ◆あらかじめ供養の費用を準備しておける
- ◆自分の悲しみの乗り越え方の指針がわかる

供養には、お葬式などの〝死者供養〟と、法要などの〝先祖供養〟のふたつがあります。お墓を継承すると、このふたつを子どもが行なうことになります。継承する前に、どんな供養がうれしいか、聞いてみるとよいですね。

ふだんの生活では聞きづらいので、お盆やお彼岸のお墓参り、仏壇のそうじをきっかけに、お墓や仏壇にだれが入っているのか、何回忌まで済んでいるのか、法事にどれくらい出費しているかも把握できるとよいですね。

お葬式（死者供養）はすぐに終わってしまいます。本当にあっという間です。

しかし法要などの**供養（先祖供養）は、悲しみを昇華させる道のりでもあります。**親を失った悲しみと向き合い、悲しみを昇華し、親を超え、大人としての成長を遂げること。これが供養です。

ただ単純に、**仏教式の供養をすれば悲しみが昇華されるとは限りません。**〝供養〟とは、子供養育の真ん中の2文字をとった言葉です。つまり、亡くなった魂を子どもと見立てて、この世の人間があの世に祈りをささげることで魂は育ち、浄化され、祖神《そしん》（神としてまつる先祖のこと）になると考えられてきました。

そして、目に見えない魂に対して祈ることで、故人の魂が浄化されるだけでなく、祈りをささげる人たちも癒やされ、悲しみが浄化されていくのです。結果、生きている人の魂が成長することにつながります。

以前は、お仏壇やお墓、寺院などでの法要が供養にあたる行為とされてきました。

しかしながら現在では、仏式で葬儀をしないケースも増えており、供養で迷う人も多くいます。

なので、どんな供養がうれしいのか、親に聞けるとよいですね。

「思い出してくれるだけでいい」

「みんなで命日にはお墓参りに来て」

「ハワイに旅行したときは私を思い出してね」

など意外な意見も出てくると思います。

従来の法要や供養は面倒だと感じる人も多いと思いますが、回忌法要のシステムは悲しみと向き合えるよい機会だと思います。

〝年忌法要〟には一周忌のあとに、三回忌、七回忌、十三回忌、十七回忌、二十三回忌、二十七回忌、三十三回忌、五十回忌と続きます。

故人の親族やゆかりある知人が集まり、供養の儀式や会食を行なうことで、あらたな人間関係の構築に役立ち、残された人を成長させてくれます。

在りし日の思い出話で盛り上がったり、しみじみ語り合ったりすることは、悲しみや傷を癒やすために有効だと、私は考えます。

お墓・
お葬式

親が元気なうちに

どんなお葬式にしたいかを聞いてみる

やっておくと、ここがラク

◆親に対して「できるだけのことをやった」と、自分にOKサインを出せる
◆亡くなったとき、迷うことなくスムーズに準備できる

お葬式の準備は、親が亡くなってからでも充分間に合います。自分が死んだときのことは、あまり考えたくないので、お葬式にこだわる人は少数派です。

でも、「家族だけでかんたんにしてほしい」「お世話になった人はみんな呼んでほしい」など、ある程度の希望を聞いておくと、親が亡くなったときにどんな式にするか悩まずに済みます。

どんなお葬式にするかのポイントは次のとおりです。

①参列者の規模（家族だけで・親戚はどのくらい呼ぶのか・友人は？）
②宗教の有無
③式場の場所（自宅・斎場・その他）
④本人のこだわり
⑤埋葬の希望

元気なうちに親に聞いておくからこそ、「好きな音楽をお葬式で流してもらいたい」「遺影はこの写真を使ってほしい」などの、④のこだわりを充実させることができます。

遺影の写真はできれば親に気に入ったものを選んでもらいましょう。還暦や夫婦の金婚式など、節目にあたるときに写真館できれいな写真を撮ってもらうとよいですね。今は証明写真のようにかしこまったものではなく、Ｖサインをしていたり、ソファで寝そべっていたりと、その人らしさが出ているものが好まれます。

①の参列者の数によって、飲食などの接待費用が変わるので、参列者が多くなってお葬式が大規模になればなるほど、費用もかさみます。

安価で済むからと家族葬を選ぶ人もいますが、参列者が少ないぶん、香典収入も見込めないので、持ち出しの金額は、一般葬とほとんど変わらないケースもあります。また、訃報《ふほう》が事後報告になるので、あとから自宅での弔問《ちょうもん》客の対応に追われてしまうこともあります。

親が現役で働いていたり、友人知人が多かったりする場合はとくに、一般葬にして、きちんとお別れをしてもらうほうが、最終的に面倒がありません。

菩提寺《ぼだいじ》があるかどうかも、どんなお葬式にするかの大切なポイントです。

無宗教なら、お別れの手紙を読んだり、親の好きな音楽をかけたりと、どういうふうにしたいかは家族側でプロデュースできます。

なかには檀家離れを防ぐため、宗教色のない葬儀スタイルに理解のあるお寺もあります。お葬式自体は自由にして、戒名はお寺でつけて納骨する流れですね。ただ、無断ではできないので、菩提寺のお墓に入るなら、遠方であっても必ず連絡をとっておくようにしましょう。

今は想像できないかもしれませんが〝親が亡くなる〟ことで、想像以上のショックを受けると思います。ふだん冷静な人が取り乱す姿をたくさん目にしてきました。眠っているだけ？　死んでないかもしれない……と、ふと感じることがあるでしょう。それが、お通夜、出棺、火葬と、儀式を経ていくと、やっぱり動かない、本当に死んだ……と実感していきます。

親の死と向き合い、受け入れるためには、亡くなった人といっしょに過ごすある程度の時間が必要です。**お葬式は親離れの最たるもの**ですね。

火葬（直葬）のみの場合、費用は安価ですが後悔する人が多いのも事実。短時間で気もちの整理がつきにくいのでしょう。

「お経をあげてもらえばよかった」「みんなにお別れしてもらえばよかった」と悔やんでも、火葬してしまえば時間を取り戻すことはできません。

お葬式を決めるときは、費用だけで選ぶと危険です。

きちんとしたお葬式を出して、「できるだけのことをしてあげた」と、自分にOKサインを出すことも、大切な心の整理になりますよ。

お墓・
お葬式
気になることがあったら

信じている宗教について聞いてみる

知っておくと、ここがラク

◆生前に知っておくと、親の死後、冷静に対応できる

親が信じている宗教はありますか？　複数の宗教団体で活動することは、けっして悪いことではありませんが、お葬式や納骨の際にトラブルになるケースもあります。

たとえば、菩提寺《ぼだいじ》に納骨したいとなると、菩提寺で葬儀をしないといけません。**もし親に、他に信じている宗教があって、その宗教にのっとったお葬式をあげたいとなると、菩提寺のお墓には入れなくなります。**

以前お客さまで、菩提寺の教義にのっとったお葬式と、本人が信じている宗教にのっとったお葬式を執り行なったことがあります。つまりお葬式を2回行ないました。

病気の不安を払しょくしたり、ひとり暮らしの孤独を紛らわせたりするために、複数の宗教に入信する高齢者が多いのも事実です。

親が亡くなったときに突然「ご本人は、私たちといっしょに◯◯という宗教を信じていらっしゃいましたけれど、お葬式はどうされますか？」と信者の人が訪ねてくる場合もあります。

自分たちにゆかりのない宗教を信じている親に異質なものを感じ、「なぜ？　なんで？」とショックを受けてしまう人がいます。また、親の不安やさみしさを自分はフォローできていなかったんだ……と思うと、申し訳ない気もちになる人もいます。

そして宗教は、生前の親のお金の使い方にもかかわってきます。亡くなってから、財産のほとんどを宗教団体にお布施として払っていた、遺言で遺産のほとんどを寄付すると書かれていた……ということもあるかもしれません。

宗教は心の支えになるもので、悪いことではありませんが、トラブルも起こり得ることを知っておくとよいですね。

お墓・お葬式

親がリタイアしたら

葬儀社を決めておく

やっておくと、ここがラク

◆亡くなってすぐに対応ができ、悪徳業者にだまされずに済む
◆料金などの心配をせずに済む

お通夜、お葬式を執り行なうことがわかっていたら、事前に葬儀社を決めて見積もりをとっておきましょう。同じ内容でも、業者によって100万円単位で変わってきます。費用の目安は次のとおりです。

・火葬のみ　15万～40万円
・家族葬　約100万円　＋　お布施
・一般葬　約190万円　＋　お布施

葬儀社は国家資格を取得する必要がないので、基本的にだれでも開業できます。全国に約9000社あり、悪徳業者も多く存在します。たとえば、ウェブサイトを開設して葬儀を受注し、実際の業務はすべて外注することで、もうける業者。遺体の管理について知識のない素人が、搬送、保管をする業者。つまり、物流倉庫の一角に遺体をもののように置いている業者です。

「ご遺体」と聞くと、聖なるものとして扱われるイメージだと思いますが、実情は異なるケースもあることを忘れないでください。

親の亡骸《なきがら》を大切にしたいなら、事前に葬儀社の実態を知っておくこと。そして見積もりをとって料金のイメージを固めておくことです。

病院で亡くなると、まず遺族がやらなくてはいけないのが、遺体を安置する場所を決めて搬送してもらうこと。多くの病院で搬送業者(=葬儀社)を紹介していますが、よい業者とは限りません。事前に決めて、亡くなった際はすみやかにその業者を呼びましょう。

よい葬儀社の見分け方

葬儀社を見分けるポイントは

- **遺体安置室があるか**
- **寝台車が緑ナンバーを取得しているか**
- **見積もりを出してくれるか**
- **パンフレットがあるか**

以上をチェックするとよいですね。

緑ナンバーは事業用に申請された車両のみつけられます。普通ナンバーなら、営業車として認められていない車両です。

見積もりを出さない葬儀社は約40%、パンフレットを用意していない葬儀社は約50%にのぼるといわれています。いずれも悪徳業者の確率が高いでしょう。

また、よい葬儀社は決めつける言い方をしません。こちらのニーズを理解し、複数の選択肢を出してくれる業者。そして優先順位を明確にして提案してくれる業者がべストです。

「二度とないお葬式です。なるべく飾りは豪華にしたほうがよいですよ」

「最近のお通夜は、このオプションをつけるのが普通ですが」

このように決めつけた言い方をする業者は避けてください。

「予算は少ないけど、お花だけはたくさん飾りたい」

「できるだけシンプルに見送りたいんですが」

などとリクエストをして、提案力、対応力を確認するとよいでしょう。

お墓・
お葬式

なるべく早めに

好きな花を聞いておく

やっておくと、ここがラク

◆親の好きな花をお葬式に飾ることで、最後の親孝行ができたと感じられる
◆ふだん知らない親の好みを知ることができる

最近では、お葬式で使える花も自由になってきています。お葬式には白い菊のイメージかもしれませんが「母の好きだった花で祭壇をつくりたい」というオーダーもあり、ずいぶんフレキシブルになっています。**かつては棘《とげ》があることから避けられていたバラの花も、今ではよく用いられます。**ただし、浄土真宗は菊に限っているなど宗教の教義にもよるので、宗教的に問題ないか確認は必要です。

以前、若くして奥さまを亡くされたご主人のご要望で、深紅のバラの生花祭壇をつ

くりました。しかしお葬式が終わってから、奥さまはあまりバラが好きでなかったことが判明し、残念だったとうかがったことがあります。以前バラをプレゼントした際にとても喜んでいたので、好きな花はてっきりバラだと思っていらしたんですね。

お花だけでなく色や衣服、食べ物など、近くにいてもその人が好きなものや大切にしていることを知らないことがあります。隣にいるのが当たり前すぎて、コミュニケーションをすることや相手を観察したりすることが疎《おろそ》かになっているのでしょうね。

とくに親子関係は血縁でつながっているので、強いつながりがあると思いがち。しかし親子関係ほど、コミュニケーションが必要です。年齢や時代背景、価値観など、それぞれ大きく異なっているからです。

人は必ず死にます。その死を送る花を考えることは、むなしいことに感じるかもしれませんが、親が大切にしていることを聞けるきっかけになります。

なるべく元気なうちにお葬式の話をしておきましょう。お葬式の当日、「私はお母さんのためにやり切った」と感じられるとよいですね。

お墓・
お葬式

親が入院したときなどに

6親等までの親族を把握する

やっておくと、ここがラク

◆お葬式の際に、親族をすぐに呼べる
◆連絡すべき親族のもれがなくなる

親族とは6親等以内の血族・配偶者、3親等以内の姻族のことを指します。**ここでいう親族が、葬儀に参列してもらい、火葬や初七日法要まで立ち会う人たち**になります。親等の数え方は、たとえば1親等は本人のひとつ上か下の世代のことをいい、親を基準にすると、1親等は親の父母、2親等はふたつ上の世代で親の祖父母、ふたつ下の世代で孫、親の兄弟姉妹も2親等にあたります。また、両親に兄弟姉妹がいた場合（おじ・おば）は2親等になり、おじ・おばの子（いとこ）は3親等になります。

こうやって、親族を洗い出しましょう。意外と人数が多いことに気づくと思います。

お葬式は身内だけでシンプルにしたい。親族の参列は少人数にしたいと考える子ども世代は多いです。しかし、こういった儀式では〝呼ばれた・呼ばれてない〟〝あの人は行った・行ってない〟など、細かいことを気にする人が多いのも事実。呼ばなかったことで、後々思わぬ非難を受けることもあります。とくに高齢者や地方の人は、呼ばれなかったことで「メンツをつぶされた」と激怒するケースもあります。また本家・分家の序列や、座席の上座・下座などを間違えると、まったく悪気がなくても「軽く見られた」と不満に感じる人もいるでしょう。

葬儀中にもかかわらず嫌味を言われる喪主の子どもを、たくさん見てきました。ただでさえ親を亡くして悲しいのに、心ない言葉をかけられると、心身ともに必要以上にダメージを受けます。自分が嫌な気もちにならないためにも、無用なトラブルを招かないためにも、親族について事前に把握しておきましょう。

「高齢だから」「田舎から出てきてもらうのは大変」「家族だけで済ませたい」という場合でも、勝手に判断せず、電話で事前に知らせておくのが礼儀です。**あなたとはまったく異なる価値観で生きる人たちが集まることを覚えておきましょう。**

お墓・お葬式

なるべく早めに

友人のリストをつくってもらう

やっておくと、ここがラク

◆お葬式に来てもらいたい人がわかり、すぐに呼べる

遺体は見せ物ではない。家族、親しい人だけで葬儀をすればよい。そんな考えの人もいますが、本当にそれでよいですか？　学生時代をともにした友人たち。仕事で苦労をともにした先輩や仲間たち。**親が大切にしてきた人間関係をあなたは知っていますか？**

とくに青春時代の記憶は、年をとればとるほど強くなるものです。あの時代の高揚感や甘酸っぱさは、かけがえのない思い出。そんな時代をいっしょに過ごした友人は、とても大切な存在です。そんな彼らに参列してもらい、最後のお別れをしてもらうこ

とは、親にとってもうれしいことだと思います。

立ち会ったお葬式でよくこんな光景を見かけました。お父さまのご友人から、むかしの話を聞いて意外な父親の一面を知ったり、よくあなたのことをほめていたと思いがけないことを聞いたりされる子どもの姿です。親の友人から知る親のこと。それはあなたの知らないもうひとりの親の姿なのかもしれませんね。

親しかったはずなのに、喪中はがきが送られてきて初めて「え、あの人死んじゃったの?」と、知るのはとても悲しいことです。

子どもの立場からは「お葬式に参列できなかったくらいで」と思うかもしれませんが、高齢になると亡くなった本人にはもちろん、まわりの友人たちにも会える最後のチャンスになってきます。

親しかった友人をあらかじめ親に聞いておくか、年賀状をもとにリストを作成しておきましょう。名前、電話番号、住所など連絡先を記しておくとよいですね。

CHAPTER 4

お金の話

お金

親がリタイアしたら

親の資産を把握する

やっておくと、ここがラク

- 医療、介護のための費用を準備しておける
- 資産状況に見合った生活がわかる

この章は、お金に関するお話です。終活セミナーでも、もっとも人気のあるテーマです。

みなさん薄々気づいていると思いますが、**親の老後とお金は切っても切れない深い関係**があります。お金がなければ、満足のいく介護や医療、お葬式、供養、相続ができません。子どもにも負担がかかります。先延ばしにせずに、ひとつずつ整理していきましょう。

２０１５年に総務省が発表した〝高齢夫婦無職世帯の家計収支〟によると、高齢の夫婦（夫65歳以上、妻60歳以上）の場合、１か月の生活にかかるお金は平均27万５７０６円。年金などの収入は平均21万３３７９円で、毎月６万円以上が不足している計算になります。

また、２０１３年に生命保険文化センターの行なった〝生活保障に関する調査〟によると、ゆとりある老後生活を送るためには、１か月あたり35・４万円が必要という結果が出ています。

たとえば65歳のリタイア後から男性平均寿命80歳までの15年間、ゆとりある生活を送るとすると

35・４万円×12か月＝年間４２４・８万円

４２４・８万円×15年＝15年間で６３７２万円

こんな計算になります。もう一度言いますね。働かずに６３７２万円が必要になります。

夫婦で受け取る平均年金受給額は20万円くらい。たまには旅行やゴルフを楽しんだり、外食をしたりするゆとりある暮らしをすると、毎月16万円くらいのマイナスになります。

そのお金を一体どこから捻出《ねんしゅつ》するかです。足りないぶんは、貯金をはじめとする、**資産を取り崩していくしかありません。**

おそろしいことに、この35・4万円の中には介護や医療に必要なお金は含まれていません。**健康であることが大前提**なのです。

ところが生きていると、あり得ないことが起こるものです。病気や老化はコントロールできません。

たとえば**介護が始まったら、介護施設の入居金、介護ベッドのレンタルなどで初期費用として300万円はかかる**といわれます。

また、親に隠れた借金がある。家や土地はあるけれど、まったく現金がない。こんな状況では、万一のときに親のお金をあてにできなくなります。

「親のことは親自身が何とかするはず」などと悠長なことを言っていると大変なことになります。状況によっては、親の介護費用や入院代、葬儀代を、子どもであるあなたが負担することになるからです。そうならないためにも、早めに親の資産状況を把握しておきましょう。

ポイントは大きく分けて

- **預金口座**
- **不動産**
- **保険**
- **ローンや借金**
- **株券などの有価証券**

です。使わないものは解約する。現金に換えていくなど、無駄を省くことが先決です。

次からくわしく見ていきましょう。

お金

親がリタイアしたら

どの金融機関に口座があるかを確認する

◆親世代は口座をたくさん開設している可能性が高い。眠った資産になるのを防げる

やっておくと、ここがラク

親が元気なうちに、どの金融機関に口座があるかを把握しておきましょう。

本人が認知症、もしくは亡くなると、調べるのが困難になるからです。

以前、親の死後に口座が凍結されてしまい、葬儀代をおろすことができなかったお客さまがいました。銀行などの金融機関では、故人の口座は相続関係が確定するまでは解約できない決まりになっています。一部の相続人が勝手に預金を引き出して、他の相続人の権利が侵害されるのを防ぐためです。

遺言書がない場合、相続人全員が話し合い〝だれが相続するか〟もしくは〝だれが

代表としていったん受け取るか〟が決まれば解約できます。

金融機関によって違いはありますが、手続に必要なおもな書類は

・亡くなった人の、生まれてから死亡するまでの戸籍謄本《とうほん》（除籍・改製原戸籍）

・相続人全員の戸籍謄本

・相続人全員の印鑑証明書

・相続人全員の実印が押印された銀行所定の用紙（相続届）

です。これは非常に骨の折れる作業です。何せ〝相続人全員分〟です。

前述のお客さまはとても誠実な方で、全員分の了承を得て、口座からお金を引き出し、葬儀代を支払っていただきました。

かつては安易に口座の開設ができたので、複数の口座をもっている可能性があります。なかにはまったく使われず、眠った資産になっている口座もあるかもしれません。まずは、どこの銀行にいくつの口座があるのかをはっきりさせ、それぞれ記帳をしてもらい残高を明確にしておきましょう。そして必要な口座をしぼっていきます。そのためにも毎月、通帳記入する習慣をつけるとよいですね。

預金の残高がわかれば、総資産の算出の手助けにもなります。

お金

親がリタイアしたら

不動産の種類、所在、名義人を確認する

やっておくと、ここがラク

◆遺産相続の際にもめることが少ない
◆いざというときの資金になる

親の資産を把握するときに、忘れてはいけないのが不動産の存在です。**不動産は資産価値が高いので、介護や医療で急にお金が必要になったときに助けとなります。**

ただし親が元気なうちに、**不動産の種類、所在、名義人について把握**しておかないと、親の死後にトラブルになりやすいのも事実。

とくに共有名義の不動産は要注意です。共有名義のまま次世代が相続すると、持ち

分がどんどん細分化するおそれがあります。共有名義人の中に、面識のない人がいる場合などは、いざ売却したいときに売れないこともあり、非常にトラブルになりやすいので要注意です。

縁もゆかりもない土地の山を所有していたなんていう話も聞きますよ。

また、**不動産は遺産相続争いの火種になる**ことも。親が生きているうちに、売って現金にして分けるのか、だれが相続するのかを決めておく必要があります。

相続税がかからない総資産の最低額が5000万から3000万円に引き下がったため、想像以上に相続税がかかることもあります。不動産の価格をチェックして、相続前に節税対策も考えておきましょう。親が購入した土地や先祖から受け継いだ土地を守るかどうかは、人によって考え方が異なります。土地を所有することにステータスを感じる人もいれば、感じない人もいるのです。

所有している不動産に対して、親がどんな思いを抱いているのかも聞けるとよいですね。

お金

親がリタイアしたら

加入保険の種類、契約者、受取人を確認する

やっておくと、ここがラク

◆無駄な保険を解約するきっかけになる
◆葬儀保険に入っておけば、お葬式の費用を賄《まかな》える

親の世代は保険会社にすすめられるままに、いろんな生命保険に加入していることが多く、内容を把握できていないことも。無駄な出費につながるので、一度、整理することをおすすめします。

保険を整理する際のポイント

・重複する内容の保険は解約する（なるべくシンプルに）
・現状に合わない内容の保険は解約する（車に乗らないのに自動車保険に加入してい

るなど）

・受取人を〝子ども〟にしておく（亡くなった配偶者のままになっていることが多い）

「お父さんの保険、もっとお得な保険になるかもよ。一度相談してみない？」などと言って、いっしょにファイナンシャルプランナーなどの専門家に相談してみてもよいですね。老後の生活設計も見てもらうことができれば、一石二鳥です。

保険は病気になってしまうと、なかなか加入することができません。元気なうちに、今の生活に合った保険に見直しましょう。家や土地を長男に相続させる代わりに、保険金の受取人を次男にするなど、相続と保険の受取人についてはセットで考えておくのもよいですね。

この機会に、親に〝葬儀保険〟をプレゼントするのもおすすめです。

高齢でも申し込める、持病があっても入りやすいなど、葬儀に特化した保険が各社から出ています。その際、被保険者は親で、受取人を〝子ども〟にしておけば、親の死亡によって口座が凍結されても、葬儀代に保険金を利用できて安心です。

お金

親がリタイアしたら

住宅ローンや借金を確認する

やっておくと、ここがラク

◆親の負の遺産を引き継ぐことがなくなる

親に借金やローンがあるかないかは、確認しておくべき重要なポイントです。借金があったら、どれくらいの返済額が残っているのか把握しておきましょう。**負債を残して親が亡くなったとき、負の遺産を引き継ぐのは子どもだからです。**

弁護士によると、負債がらみのトラブルは、高齢者が連帯保証人になったことで起きるケースが多いそうです。

親族、友人、勤務先などから頼まれて、家族に内緒で連帯保証人になっていることがあります。親が亡くなったときには、連帯保証人になっていることがわからず、数年後に判明することも。

また親本人も忘れがちなのが、若いころに契約した連帯保証です。それが、人生も終盤にさしかかった今になって連帯保証人として借金を請求されてしまうのです。連帯保証といえども立派な借金なので、返済できなければ、家を失う、破産するといったこともあります。

生前から、親の交友関係やいろいろな書類に目をとおし、連帯保証人になっていないか、可能な限り確認しておくことが重要です。また、判断能力に問題があるにもかかわらず連帯保証人になったときは、契約を取り消せる可能性もあります。専門家に相談してみましょう。

もし親が借金地獄に陥っていた場合、自己破産申請をしてもらうのも手です。そうすれば、借金はなくなるので借金を相続することもありません。また、親が亡くなった後に相続放棄をすることも可能です。親の借金を継ぐ必要はありません。ただ、預金や家などプラスの財産も相続できなくなります。

要注意なのは、相続放棄をするには家庭裁判所に対して、正式な手続が必要なこと。

遺産分割協議書に相続しないと記載しても、家庭裁判所で認められなければ、債権者（お金を借りている相手）に対しては何の効力もありません。

家庭裁判所での相続放棄手続は、原則として相続を知ってから3か月以内に行ないます。亡くなった親に借金があった場合、早めに弁護士に相談することをおすすめします。

また、プラスの財産の範囲内でマイナスの財産を引き継ぐ〝限定承認〟という方法もあります。これは、マイナスの財産（借金）の金額が、プラスの財産より明らかに多い場合や、まだわかっていない借金の可能性がある場合などに有効です。これも3か月以内の手続が必要です。ただし、限定承認は、相続人全員で行ないます。

相続放棄、限定承認の手続が終わる前に、遺産である土地などを売ったり、使ったりした場合は相続放棄、限定承認ができません。ただし例外もあるので、あきらめずに専門家に相談してください。

「親が死んで、受け継いだのは借金だけだった」

こんなことにならないように、親が生きているうちに、借金をきれいに清算しておいてもらうとよいですね。

お金

親がリタイアしたら

株券や貸金庫の有無を確認する

知っておくと、ここがラク

◆見落としがちな財産を事前に把握できる

〝株券〟や〝貸金庫〟は親が所有していることに気づかずに、見落としがちな資産です。

FXや株、投資信託等の有価証券は、つねに価格が変動していて、亡くなったあとに損を出している可能性もあります。要注意です。

上場株式の株券は2009年以降、電子化されており、株券そのものを所有している人は少なくなっています。今も株券そのものを所有している人は、証券会社等で、電子化の手続をおすすめします。電子化前の株式で、名義を書き換えていないと、最悪の場合、株主としての権利を失うこともあるからです。

そして見落としやすいのが非上場株。親族や友人が経営する会社の株を保有している場合は、取引している証券会社等の残高明細にも載ってこないため、把握しにくいので注意しましょう。

受け継ぐ意思がないなら、負の遺産とならないように、親が元気なうちに、株は現金化するのがよいですね。そのまま引き継ぐ場合は、早めに確認しましょう。

貸金庫には、証書、戸籍謄本《とうほん》、土地の権利書、宝石などが入っているケースが多いですが、なかにはお葬式や遺言に関する書類が保管されていることもあります。お葬式の希望について書かれた書類は、葬儀後に発見されても意味がありません。

遺言書も相続が執行されたあとに発見されても、手遅れ。存在に気づかず、親の最後の希望をかなえてあげられないなんて、とても悲しいことです。

このように貸金庫の中には予想もしていなかった書類や財産が残されているかもしれないので、あらかじめ存在の有無を確認しておきましょう。

お金

親がリタイアしたら

高価なものはお金に換える

やっておくと、ここがラク

◆医療費や介護費のための蓄えになる

預金口座、不動産、保険、有価証券、借金など、親の資産についていろいろ見てきました。ここではその他の見落としがちな親の資産を見ていきましょう。

・ゴルフ会員権

バブル経済のころは約1億円の価値があったともいわれるゴルフ会員権も、今では値崩れして紙切れ同然のものも多いです。相続すると会費や名義変更料が発生するので、ゴルフに興味がなければ処分しましょう。

・骨董品、美術品

親の死後、その価値がわからずに処分してしまったり、二束三文で売りに出してしまったりしがちなので要注意です。入手先や、購入金額を親に確認しましょう。

・宝石、貴金属

もらう人を勝手に決めると、子どもの間でトラブルになりがちです。ちょっとした宝石なら、みんなで相談して、生前に親からプレゼントしてもらう形にするとよいですね。高価なものは贈与税の対象となる可能性もあるので、判断する際は税理士へ相談することをおすすめします。

・コレクション、収集したもの

切手やフィギュアなどマニア向けのコレクションは本人にしか価値がわかりません。生前は処分したがらないことが多いので、元気なうちに商品名、購入金額、価値などをリスト化してもらいましょう。いざというときにすぐ売ることができます。

子どもが引き継ぐ意思のないもの、今の親に必要ないものは、なるべく現金に換えて、老後の生活に備えるのがポイントです。 ただ、こういったものは親にとっては、プライドを示すためのものだったり、価格以上の意味があるものだったりします。処分するかどうかは、必ず親に確認しましょう。

お金

親にお金のことを頼まれたときに

できないことは「できない」と言う

やっておくと、ここがラク

◆「できない」を「これならできる」に換えることで、親子ゲンカにならない
◆お金のストレスを感じずに済む

ときどきお金の問題を子どもに頼る親がいます。たとえば

・お金を貸してほしい
・借金を肩代わりしてほしい

などです。

実際、何かにつけて親の買い物の支払いをしている人や、「親孝行できなかったから……」という負い目があるからか、親の死後、親の借金を返済し続けている人が多

くいます。

子どもだからといって、親に頼まれたことをすべてやる必要はありませんよ。とくに親の借金は子どもの責任ではありません。独立した人間なのだから、断ってもよいのです。もし援助するなら、いくらまでお金を出せるのか、あらかじめ決めておきましょう。


たしかに、親に「できない」と言うのはつらいこと。

親も、子どもを信頼してお願いしているのに……と傷つくかもしれません。

そんなときは、**どんなことならできるのか可能性を探って、「できない」ではなく「これはできるよ」と言えることを探してみてください。**たとえば
「(お金は出せないけど)入院の付き添いならできるよ」

こんな感じですね。


できないことをわざわざ口に出して伝えるよりも、できることを教えてあげる。そうやってお互いの距離感を縮めていけるとよいですね。

お金

親とお金について
話すときに

親を取引先だと考える

やっておくと、ここがラク

◆お金の話を切り出しやすくなる

ここまで、把握すべきお金についてお話ししてきました。

そうは言っても、お金に関する話はなかなか切り出せないものです。親の資産を把握したくても、いきなり「貯金いくらあるの？」なんて聞いたら警戒されそうですよね。

お金のことを聞き出すには、ずばり〝仲よくなること〟。身もふたもないかもしれませんが、残念ながら答えはこれだけだと思います。


ふだんから関係性が構築できている親子なら問題ないと思いますが

・疎遠であまり会話がない
・気が合わない
・会うとケンカになる

こんな親子関係のみなさんは、どうしたらよいのでしょう。それは、親をビジネスの〝取引先〟だと思うことです。苦手な取引先でも、大きなお金が動く商談相手なら、あなたも感情的にならずにどうやったらうまく話ができるか知恵をしぼりませんか？

親にある程度の財産があるなら、自分の手元に入ってくるチャンスかもしれない。逆に借金があるなら、早めに手を打たないと自分が支払うはめになる。

そう考えると、会うたびにケンカしている場合ではありません。相手を取引先やスポンサーだと思い、自分が大人になって冷静に対応しましょう。

おすすめの話の切り出し方は

「友だちの親父が不動産でもめて大変だったらしいよ」「○○ちゃんのお母さん、相続争いで疲れちゃったんだって」「死亡すると銀行口座が凍結されて大変みたい」

と、第三者の視点で話題をもち出すことです。すると親も「そうか、うちもそろそろ準備しなきゃな」と聞く耳をもつでしょう。

お金

親がリタイアしたら

仕事がいちばん楽しかったときの話を聞く

やっておくと、ここがラク
- 親とお金の話をするきっかけになる
- 親の生き方、仕事の価値観が見えてくる

親からお金の話を聞き出すには
「仕事がいちばん楽しかったのっていつ?」「いちばん稼いだのは何歳?」と働いていたときのことを聞くのもよいですね。なんとなく生涯賃金がいくらくらいなのかを推察できます。どれくらいお給料をもらっていたのかを聞ければ、**お金の話を振りやすくなり、資産の把握にもつながります。**
また、親世代は仕事人間だった人が多く、仕事の話が大好き。仕事の悩みを打ち明

けると、喜んで相談にのってくれます。

「仕事に対する感覚がちょっと古い……」なんて感じるかもしれませんが、その価値観の違いを楽しむくらいの気もちでいられるとよいですね。

私の実家は中華料理店を経営していて、結婚前の2年間、親といっしょに働きました。その経験から、仕事への考え方や情熱を知れたこと、苦労をともにできたことをとても感謝しています。幼いころは「なぜうちは休みがないんだろう?」「なぜ知らない人が家によく泊まっているんだろう?」と思っていましたが、いっしょに働いてすべてがわかりました。経営者には休みがないこと。終電を逃したお客さんを気のいい両親は家に泊めていたこと。

仕事に対して、何を大切にしていたのか、どんな仕事人だったのかを知ることは、親を理解する大きな鍵になります。いっしょに働ける機会は少ないと思うので、せめて仕事の話を聞いてみませんか?

むかしは、親は働いて当然と思っていたけれどあらためて、親の偉大さ、懐の深さを感じるかもしれません。それはきっと、**あなたと親の距離が少し縮まる瞬間でもあるのです。**

お金

いつでも

父親、母親のどちらにも確認する

やっておくと、ここがラク

◆何が必要か、不必要かは夫婦どうしでも異なるもの。双方に確認しておけば後から責められずに済む

お金にまつわることは、父親、母親どちらにも確認をとりましょう。これは私の苦い経験によるものです。以前、母に「パパのゴルフ会員権、処分しておいて」と頼まれて売却したときのこと。あとから父に「ひとこと、相談してほしかった」とがっかりされたことがありました。もう数年前のことですが、今でもよく言われ

ます（笑）。本当に大切だったのでしょうね。

人によって価値の〝ある〟もの、〝ない〟ものはまったく異なることを痛感した出来事でした。

夫婦で意思の疎通ができていないことも多いので、どちらか一方から言われても、ふたりの合意と思わないほうがよいでしょう。母親から言われたことは父親に、父親から言われたことは母親に、念のため確認するのが無難です。

お互い内緒で、株をやったり、へそくりしていたりすることもあります。**夫婦生活も長いと、一定の隠しごともあるものです。**

ただ、親の資産の全体像を把握しておきたい子どもの立場からすると、両親の秘密は知っておきたいですよね。それぞれに

「お母さんに内緒で銀行口座とかもってないの？」

「お父さんに内緒のおこづかいってあるの？」

とこっそり聞いてみましょう。

同性の場合は、温泉で背中を流しながら聞いてみると、案外ポロッと本音が飛び出すかもしれませんよ。

CHAPTER

5

相続の話

相続

親の資産を把握したあとに

相続人を知る

知っておくと、ここがラク

◆だれが相続人になる可能性があるのか、あらかじめ知っておける

◆隠れた相続人を発見できる

この章では、相続や遺言についてお話しします。ここもやはりトラブルになりやすいところです。法律がからむのでむずかしいですが、基本を押さえれば大丈夫。

最初に親の遺産の相続人になる可能性があるのはだれか、洗い出してみましょう。**遺産相続でもめるとしたら、この相続人が関係する**ことになるからです。

まずは戸籍謄本《とうほん》を取り寄せて、遺産を相続する可能性のある人物を書き出します。戸籍謄本を取り寄せるのは、親の隠し子（非嫡出子《ひちゃくしゅつし》）など、隠れた遺産相続人がい

ないか確認するためです。**親の隠し子が、「自分にも相続の権利がある」と、親の死後に突然名乗り出る可能性があります。**「うちの親に限って隠し子なんて（笑）」と思うかもしれませんが、急に現れて大問題になったご家族をいくつも知っています。親も若かったのでしょう。侮《あなど》ってはいけません。

遺産の相続人と遺産の割合は民法上では次のように定められ、①〜③の順に優先されます。

①配偶者と子や孫↓　配偶者2分の1、子や孫2分の1（子が複数のときは均等に分割。子が先に死亡している場合は孫）

②配偶者とその父母や祖父母↓　配偶者3分の2、父母や祖父母3分の1（父母がふたりとも健在のときは均等に分割。父母が先に死亡している場合は祖父母）

③配偶者と兄弟姉妹↓　配偶者4分の3、兄弟姉妹4分の1（兄弟姉妹が複数のときは均等に分割、異父母の場合は同父母の兄弟姉妹の相続分の2分の1）

民法上の相続人に該当しませんが、「兄のお嫁さんが父の面倒をよく見てくれた」など、親に貢献度の高い人も忘れずにピックアップしておきましょう。親がその人に財産をあげたいと考えているかもしれないからです。

相続

親の資産を把握したあとに

相続のトラブルになりそうなことを整理する

やっておくと、ここがラク

◆問題点を整理しておくと、弁護士などにスムーズに依頼できる

我が家はセレブでもないし、大した遺産もない。こんな家庭ほど、じつは遺産相続でもめやすいのです。資産がある家庭は、遺言書を準備したりして、事前にトラブルを回避しているからです。たった300万円しかない親の貯金で、骨肉の争いをするご家庭はたくさんあります。

「お兄ちゃんはマンション買うときに親に1000万円援助してもらったんだから、その分遺産から1000万円引いてよ」

などと、権利意識、嫉妬《しっと》、ひがみなどの、今まで隠されてきた本性が、一気にむき

出しになるのが遺産相続。

「うちのきょうだいは仲がよいから大丈夫」と楽観していると、受けるショックも大きいかもしれません。

きょうだいがいない場合はもめごとも少ないですが、複数いる場合には、以下のようなことで起きるトラブルに気をつけましょう。

- 相続するものが土地、建物、宝石などの現物で、相続人の間で**等分できない**
- 財産がマンションだけ、土地だけなど、**ひとつしかない**
- 親に**借金がある**

現金は分配しやすいけれど、たったひとつの土地や家、宝石などは平等に分けることができません。必然的に相続争いに発展するおそれがあります。

トラブルが起きることを予期できる場合は、親の生前に財産を現金化しておくなど、対策が必要です。

日本では遺言書を作成する人が圧倒的に少ないのですが、財産が少ないから不要なのではなく、少ない財産だからこそ取り合いになるのです。心配なら、親に遺言書を準備してもらってください。くわしくは172ページでお話ししますね。

相続

相続でもめそうなときに

自分よりも若い弁護士に相談する

やっておくと、ここがラク

◆相続トラブルはもちろん、自分の老後までサポートしてもらえる

相続のトラブルになりそうなことが見つかった場合は、法律のプロである弁護士に相談しましょう。

相続に関しては、行政書士、司法書士、税理士などにも相談できますが、裁判になったときに、**裁判所で調停ができるのは弁護士だけ**です。

初めて依頼するときは、試しに行政の無料相談コーナーを利用するとよいでしょう。だいたい30分間無料で相談にのってくれます。

その後、本格的に弁護士を雇う場合の料金は、初期費用として相続財産の額に応じ

た着手金、その他戸籍謄本《とうほん》の取り寄せなどの実費、交通費、その案件に対する弁護士報酬などがかかります。

1時間の相談で6000円〜と、時間によってもお金がかかるので、相談事項はあらかじめエンディングノートなどでまとめておき、問題点を整理してから相談するようにしましょう。具体的には

- **親の財産**
- **該当する相続人**
- **自分は何がほしいのか**

以上を相談する前にまとめておきます。

依頼する弁護士は、相続問題に強い人がベスト。経歴をよく見てから選びましょう。今後、自分の終活まで、長い間お世話になるかもしれないので**自分より若い人、会ってみて親近感を覚える人がよいでしょう。**

法律を知らないと、トラブルが起きたときに相手の言いなりになるかもしれません。それはとても損なこと。法律や税金の専門家など、たくさんのプロを味方にして、自分の損にならないように、親を見送る準備をしてください。

相続

親が元気なうちに

成年後見人について話し合う

やっておくと、ここがラク

◆親の判断能力が低下しても、財産の管理・処分ができるようになる
◆事前に親と任意後見契約を結んでおけば、成年後見手続がスムーズになる

親が介護施設に入所したり、病院に入院したりすると、初期費用として一時的に大きなお金が必要になりますが、最近は銀行の本人確認が厳しく、家族が本人に代わって預金をおろすこともままなりません。

親の口座の暗証番号を知っていたとしてもATMで大金は引き出せませんし、「親がぼけたのをいいことに、勝手にお金を使い込んでいた」ときょうだいや親族から、どんな言いがかりをつけられるかわかりません。

そうならないためにも、親の財産を出し入れできる立場を、公的に認めておいてもらったほうが安心です。

成年後見人《せいねんこうけんにん》という言葉を聞いたことがありますか？

病気や事故、認知症などで、親の判断能力が低下・喪失したときに、親に代わって財産の管理や処分を行なう人のことです。

親族が成年後見人に就任するには、原則として法定相続人全員の同意が必要になります。法定相続人全員の同意をもらっておけば、親族から

「親のお金の管理は任せるよ」

というお墨付きをもらったことになります。

ただし、最終的には裁判所が決定するので、必ずしも子どもが後見人になれるとは限りません。

2章でお話しした〝介護や医療を代理で判断する人〟になったら、親の元気なうちにまずは任意後見人になる契約を交わしましょう。

任意後見人とは「親の責任は私が負います。親が万が一のときには成年後見人にな

りますよ」という宣言のようなもの。
任意後見人になるには、公正証書で契約を締結し、その後、親の判断能力が低下・喪失したときに、成年後見人になります。

成年後見の申立をする場合、親の経歴や病歴、財産を記入する書類を準備します。私が祖母の成年後見人になるために、この書類を書こうとしたとき、記入欄を埋めることができずに、とても苦労しました。今まで祖母のことをまったく知らなかったんだと、がく然としました。

あなたはそんなことにならないように、親の〝経歴〟〝病歴〟〝財産〟など、1〜4章までの知識を申立手続に生かしてくださいね。

成年後見制度は、日本ではあまり浸透していませんが、もっと利用されるべきだと思います。

・親のお金が自由にならずに、子どもが自腹を切って親の面倒を見る
・よかれと思って親の介護をしていたのに、お金を盗んだと親戚に疑われる

・認知症の親の勝手な判断でトラブルに巻き込まれる

こんなケースが後を絶たないからです。

しばらく前までの日本は、年老いた親の面倒をだれが見るのか、だれが責任をもつのかをはっきりさせず

「そういうことはすべて長男がやる、その代わり財産も長男が引き継ぐ」

という暗黙の了解のようなものがありました。

ところが核家族化で、子どもが少なくなり、だれが親の面倒を見るのかをあらかじめ決めておかないといけない時代になりました。**こういった時代背景から見ても、あきらかに有効な制度**なのです。

お金の管理や大切な決断など、幼いときに両親がやってくれたことを、今度は自分が親に代わって行なう〝成年後見人〟という役割。

それは最大の親孝行だと思いませんか？

相続

相続でもめそうなときに

遺言書を準備してもらう

やっておくと、ここがラク

◆遺産相続でもめることが少なくなり、手続もスムーズになる
◆親の意思が家族に伝わる

遺言書は残された人へのラブレターともいわれます。法の下で公式に親が意思を伝えられる、唯一の手段です。

民法上、遺産相続は遺言が優先されますが、一定の方式にのっとって準備する必要があります。走り書きやメモ、録音テープは遺言としての効力は認められません。ときどき、日記に綴《つづ》られた遺言的な文章を提示する人がいますが、悲しいかな、それはただのポエムです。

遺言には3つの種類があります。

①　自筆証書遺言《じひっしょうしょゆいごん》
②　秘密証書遺言《ひみつしょうしょゆいごん》
③　公正証書遺言《こうせいしょうしょゆいごん》

この中で一番低価格で作成できるのが、自筆で遺言をしたためる自筆証書遺言ですが、書式を間違えたりすると無効になるうえ、家庭裁判所で検認してもらわなくてはいけません。また、その有効性をめぐって、相続人の間で争いになることも珍しくないのです。

相続手続をスムーズに進め、争いを防止したいなら、公証役場でつくってもらう、公正証書遺言をおすすめします。作成するには、公証役場という場所に本人が行き、証人2人の立会が必要です。作成した遺言書は公証役場で保管するので、紛失したり書き換えられたりする心配もありません。価格も、相続財産の額や遺言内容に応じて算出されるので良心的ですよ。

ときどき勘違いしている人がいますが、遺言書は財産や子どもの認知などに関すること以外には法的効力がありません。

たとえば「自分のお葬式はこうしてほしい」と書かれていても法的な拘束力はないのです。ただ、遺言書にあればなるべく親の遺志をかなえてあげたいですし、「おふくろは、こういうふうに考えていたんだ」とあらためて気づくことができます。

次のような相続を考えている場合には、必ず遺言が必要です。

・**夫婦の間に子どもがいない場合**↓妻（夫）にすべてを残したいとき。遺言書がないと夫（妻）のきょうだいに4分の1いくことになる

・**息子の妻に財産を贈りたい場合**↓先に息子が亡くなっていると、その妻には相続権がない。遺言書で〝遺贈《いぞう》〟する

・**特定の相続人に事業を承継させたい場合**↓遺産分割で株式が分散すると、経営が成り立たなくなるおそれがあるため、遺言書が必要

・**内縁の妻の場合**↓内縁の妻には相続権がないので、遺言書が必要

・**相続人がいない場合**↓相続人がいないと遺産は原則、国庫に帰属。親しい人やお世話になった人に贈りたい、寄付したいなどの場合は遺言書が必要

他の相続人が、遺言書の内容が不公平で不服に思えば、遺留分《いりゅうぶん》を請求することもあります。

遺留分とは、相続人に対して遺産の一定割合の取得を保証するもの。配偶者、子ども、父母に請求できます。遺留分を請求するかどうかは自由です。

子どもが親の財産の遺留分を請求する場合は、遺留分は法定相続分の2分の1になります。子どもが複数いる場合には、この割合を子どもの人数で等分します。

たとえば〝親が認知症になり10年以上介護をして、親を看取った娘〟が、遺言によって親の家や土地を相続することになったとします。それを不服に思った他の子どもは遺留分を請求できるのです。

このとき遺留分としてきょうだいに支払うための現金がなければ、親から受け継いだ土地や家を売って支払わなければいけません。

親に貢献していない人が、なぜ親の財産をほしがるのだろう……と釈然としないかもしれません。けれど遺留分の請求は民法上認められた権利。違法行為ではないのです。そしてかなりの確率で遺留分は請求されると思ってください。親が死ぬまで一度す。

も顔を出さなかったきょうだいに、泣く泣く遺産を渡すご遺族をたくさん知っていま

対策としては、親にあらかじめ遺留分を現金や生命保険金で確保しておいてもらうことです。そのためには、相続時にトラブルが起きないか、遺言書をつくる前に洗い出しておくことが大切です。

このように遺言書の内容によっては、かえって遺産相続でもめるケースもあります。しかし自分が親の医療や介護で親に貢献したという意識があるならば、そのぶんを遺産から分けてもらえるように遺言書を書いてもらうのは、けっして悪いことではありません。

やましいこととは思わずに、堂々と主張してください。

また、親の介護などでかかった経費（自分のお金で支払ったもの）は必ずメモをしておいて、遺産から分けてもらうようにしておきましょう。

CHAPTER 6

実家の片づけの話

実家の片づけ

なるべく早めに

いっしょに片づける日を決める

やっておくと、ここがラク

◆実家の片づけという難題に、一歩を踏み出せる

◆急に介護や看病を始めなくてはいけないときに、あわてずに済む

いよいよ最終章は実家の片づけです。この言葉を聞いただけで憂うつになる人、多いはずです。

実際、実家の片づけは深刻化しています。気づいたらごみ屋敷化していた。親の死後、実家の片づけに相当な時間と労力を割いたなど、放置していたことで起こるトラブルが多く発生しています。

これを機会に重い腰を上げてみませんか？

ポイントは

・一日でも早く始める
・親が元気なうちに始める
・急を要する場合（介護や病気になったなど）、業者やハウスキーパーを活用する

の3つです。

実家の片づけには時間がかかります。元気なうちに一日でも早く始めてほしいものです。理想は〝1年かけてゆっくりと進める〟です。

そして具体的な片づけのステップは

①現状把握↓どこに何があり、どのくらいの量があるのかを知る
②片づけプランを考える↓どんな目的の部屋にするのかを決める
③片づけ開始↓日程を決めて片づける。具体的な片づけ方はP184
④片づけ後のそうじ↓むずかしいときは、専門業者に任せるのもOK
⑤あたらしい暮らしの運用↓定期的に訪問してチェック

私の場合、父の具合が悪くなってから介護の部屋をつくることになったので、とにかく急いで片づけなくてはいけませんでした。近場に住む家族が多かったので業者には依頼しませんでしたが、手伝ってくれる人が3人以上確保できないなら、プロに依頼することも視野に入れましょう。

部屋にパンパンになっている荷物や衣服を片づけ、介護部屋を確保するには、ものを減らすことがマスト。そのためには〝捨てる〟しかありません。

しかし、親の家の中にあるものは、親にとって〝いらないもの〟ではありません。極論をいうと、すべて必要なもの。だから〝捨てる〟という行為はかなりむずかしいのです。

私の母は、大切にしていた着物のほとんどを捨てることにしました。見るたびに「この着物はね、11歳のときにおばあちゃんがつくってくれたんだ」「あー、これは高いんだけどね。おばあちゃんが着てたのをもらったのよね」など、思い出があふれてきます。

「ふだん使っていないから不用品」ではなく、〝もの〟は思い出と一体になっていて、その人の歴史をかたどり、その人の人格を構成する、ひとつの要素になっています。

それにパートナーの看病や介護をしていると、かなりの不安を抱えながら生きているものです。

そんな中、自分の大切な〝もの〟を捨てることで、より喪失感が増し、不安が助長されることを知りましょう。泣きながら着物をごみ袋に詰める母の背中は、とてもさみしそうで、見ているのもつらいほどでした。母の大事なものをできるだけ残せるよう、実家の片づけは早めに着手すべきだったと思っています。

まずは現状を把握するための〝片づけの初日〟を決めましょう。それが第一歩です。その日は何も始めなくてもよいのです。

まずは、何がどこに収められているのか、どれくらいの量のものがあるのかを把握できるとよいですね。

実家の片づけ

片づけるときに

安心で安全な家になるように片づける

やっておくと、ここがラク

◆〝安心できる家にする〟という共通のゴールがあれば、もめることも少なくなる

いざ実家の片づけをしにいくと、親子ゲンカになる人がいます。捨てる、捨てないで大騒ぎして、やる気喪失。二度と実家の片づけは手伝わない！と息巻く人も多いですね。なかにはそれ以降、実家に近寄らないという人も。何とも残念な話です。

こんなことがなぜ起こるのか。それはめざすゴールが違うからです。子どもは、自分が住んでいたころと同じようにきれいな実家をめざしがちです。でも実家はあなたが離れて何年経っていますか？　実家はもうあなたの家ではないのです。

実家の片づけの目的は、老後の安心と安全を確保することです。

・よくつまずくところはないか
・段差がないか
・よく使うものが、すぐに手に取れるようになっているか
・車いすが通れるくらいのスペースがあるか
・賞味期限切れの食料が大量にたまっていないか
・あやしげな健康食品や置物がないか

このような視点で家を片づけると、親も「私たちのために片づけを手伝ってくれるのね」と思えて、意見に耳を傾けてくれるようになります。

めざすのはモデルルームではありません。一度、安心・安全めがねをかけて、実家を見渡してみましょう。

実家の片づけ

片づけるときに

使うもの、使わないものに分ける

やっておくと、ここがラク

◆使用頻度別に分けておくと、取り出すときにラクになる

いざ片づけるとなっても、どこから手をつけたらよいのか迷う。そんな人はまず、親がもっとも長く過ごす部屋からスタート。そして〝使うもの〟〝思い出〟〝保留〟〝廃棄〟に分けましょう。使うものは、頻度《ひんど》によって置き場所を決めます。以下を参考にしてください。

・1日3回以上使うもの（テレビのリモコンなど）

↓1アクションで取り出せる場所（テーブルの上など）

・3日に1回使うもの（爪切りなど）
↓2アクションで取り出せる場所（リビングの引き出しなど）
・1週間に1回使うもの
↓3アクションで取り出せる場所（リビング以外の部屋の引き出しなど）
・1か月に1回使うもの
↓4アクション（納戸など）

よく使うものは手元に、少ないものは遠くに収納するイメージで考えてみましょう。アルバムなど、保管しておきたいものは、〃思い出〃の箱に入れます。箱の大きさを決めておいて、箱に入り切らなくなったら整理します。〃思い出〃の品はいつも一定量に保つようにしましょう。残すかどうか迷ったものは〃保留〃の箱へ。今は捨てられないけれど、いつ使うかわからないものです。1年間保管しておいて、まったく使わなかったら捨ててよいと思います。

このようにものを分類して整理していくと、片づけやすくなります。使用頻度を親に尋ねながらやってみてくださいね。

実家の片づけ

片づけるときに

勝手に捨てない。ゆっくり片づける

やっておくと、ここがラク

◆親にさみしさを感じさせないので、リバウンドが少ない

実家を片づけるときは、〝勝手に捨てない〟〝ゆっくり片づける〟。これがキーワードです。片づけを始めると、要領よくできない親にイライラして

「もういいよ、俺がやるよ！」

と言ってどんどん捨てる人がいます。よかれと思ってやってあげているのかもしれませんが、これはNGです。なぜなら**親は、喪失感を〝もの〟で埋める傾向がある**からです。年をとると、人はいろんなものを失います。自分の親、パートナー、きょうだい、親しかった友人。仕事、健康、若さ。男性らしさ、女性らしさ――。

その喪失感たるや、私たちが想像できないさみしさを伴います。すると人は心のすき間を、もので埋めようとします。だから**「そんなの必要ない」と無下《むげ》に捨てるのはやめましょう。**

勝手に一気に捨てると、一気にものが増えます。リバウンドですね。時間はかかるかもしれませんが〝捨てる・捨てない〟の判断は親にゆだねてください。そして1回で済ませようとせずに、時間をかけて片づけていきましょう。

180ページでもお話ししたとおり、私も実家の片づけを経験しました。母が泣きながら片づけるのを横目に、どんどん分別し、ごみを出し、作業を進めました。私自身は満足のいく出来栄えだったのですが、なぜか母はよそよそしい態度。数日後、母の様子について父に聞いたところ

「娘がテキパキ判断するのを見て、自分が年をとったことに負い目を感じてるんだよ」

と言われました。ガツーンとハンマーで頭をたたかれたようなショックでしたね。母をラクにしたい一心でやっていたことが、母を苦しめていたのですから。これまで背負ってきた母の責任や思い出への配慮が欠けていたことを痛感しました。実家の片づけは、自分の判断でスピーディに進めるのは要注意ですよ。

実家の片づけ

片づけるときに

いっしょにアルバムを見る

やっておくと、ここがラク

◆思い出を、もう一度共有できる

実家の片づけで写真が出てきたら、いっしょに思い出話をしてみるのもよいですね。前ページでもお話ししたとおり、親との片づけは〝ゆっくり〟が基本。寄り道も楽しみましょう！

家族はいろいろな構成員で成り立っています。だから家族の思い出の解釈もそれぞれ違っているはず。写真をいっしょに見ながら整理することは、思い出を共有し、お互いをもう一度理解することに役立ちますよ。

「このときお母さん、私のことすごくほめてくれたよね」

「この写真のお父さんかっこよくて、じつは友だちに自慢したんだ」

「どうしてこのとき怒ったの？」

など、写真を見ながら、思い出をもう一度共有してみましょう。ふだん話さないことを話せる、とっておきの時間となるはずです。

写真の中にいる親と今の親を比べられるのは、生きているうちにしかできないこと。親が死んだら、写真の中の親にしか会えません。

この写真を撮ったときはどんな気もちだったのか、どんなことを伝えたかったのか、生きている親に聞いてみてください。意外な気づきがあるかもしれません。

また過去を思い出すのは、認知機能をあげるトレーニングにもなりますよ。


今の写真はデータで保存可能ですが、かつては紙焼きで、保管に場所をとります。片づけをきっかけに、よい写真だけを抜き取って、親の過去から現在を振り返られるアルバムをつくってもよいですね。もし、これから介護施設や病院に入るとしたら、持っていける荷物はそう多くありません。アルバムならせいぜい1、2冊。大量の写真は持っていけないので、1冊にまとめておくとよいでしょう。

実家の片づけ

片づけるときに

何も置かない6畳一間をつくる

◆万が一のときに、すぐに介護を始められる

やっておくと、ここがラク

実家の片づけをする際に、間取りに余裕があれば何ものを置かない6畳一間を意図的につくってみてください。

いざ自宅で介護や看病をするときに、非常に役立ちます。

介護施設へ入れる金銭的余裕がない、病院から追い出されてしまったなど、〝自宅で介護〟はあり得ないことではありません。

何もない6畳一間があれば、介護用の部屋にすぐに切り替えられます。

介護の部屋には

□介護ベッド
□ポータブルトイレ
□ミニテーブル
□いす
□テレビ
□たんす

などが最低限、必要になるでしょう。介護ベッドやポータブルトイレは、介護保険が適用されるので、すぐにレンタルできます。

可能なら部屋は1階で、台所や洗面所などの水場の近くにあると便利。訪問入浴をしてもらうときに、窓や玄関からホースを入れることになるからです。

料理を運んだり片づけたりするにも、水場が近いとラクです。

単純に実家をきれいにするのではなく、親が今後どんな生活を送りたいかを念頭に置きながら片づけられるとよいですね。

実家の片づけ

親が元気なうちに

入院セットをつくる

やっておくと、ここがラク

◆急に入院が決まったときに、右往左往せずに病院へ向かうことができる

何かあったらすぐに持っていける〝入院セット〟を準備しておくと便利です。次のグッズをバッグに入れて、だれでもわかるところに置いておきましょう。

入院セット

- □パジャマ
- □下着
- □靴下、スリッパ
- □洗面用具

□タオル、バスタオル
□ティッシュ、ウエットティッシュ
□プラスチックのコップ
□筆記用具
□ビニール袋
□小銭
□服用・使用している薬
□マスクやアイマスク、耳栓

このように当面必要なものをあらかじめ一式まとめておけば、いざ入院となったときに「ベッドの横にあるバッグを持ってきて」のひとことで、すぐに持って出られます。「まずはこれ持ってきたよ。あとは何がほしい？」と、次の段取りにすぐ移れるので、時間を有効に使えますよ。

どれも病院の売店やコンビニですぐに買えるものばかりですが、**いつも使っているものが身近にあると、入院中の親も気が安まるものです。**

また、救急車で運ばれた場合、そのまま入院の流れもあり得ます。入院手続に必要なものと、付き添う人が持っていくと便利なものも紹介しておきますね。

入院手続に必要なもの

□保険証
□診察券
□薬（お薬手帳）
□現金
□靴
□印鑑

忘れがちなのが靴。救急車で運ばれるときは靴を履きませんが、帰宅する際に必要になります。忘れてしまって、病院のスリッパで帰ったなんて話をよく聞きます。

付添人が持っていくと便利なもの

□防寒着
□本、雑誌
□おやつ、軽食

□財布
□携帯電話、充電器
□化粧ポーチ

「親が倒れて入院した！」という連絡があったら、どんな子どもも必ず動揺します。それが当たり前です。病院へ向かう際は、次のことに注意してください。

・自分の健康状態を確かめる

精神的なショックで体調や持病が悪化することも。落ちついてから行動に移ること

・事故を起こさないように注意する

車で病院へ向かう場合は、事故を起こさないように気をつける。落ち着いて運転できる人に任せる。もしくは公共の交通機関を利用する

・親しい人の連絡先リストを持っていく

もし危篤などの場合、すぐに連絡できるようにリストを準備しておく。〝家族・3親等の親族〟〝親しい友人・知人〟〝付き合いの深い人〟など

実家の片づけ

片づけるときに

介護施設に持っていけるものを考える

やっておくと、ここがラク

◆介護施設に入居するときに、どれを持っていこうか迷わない

介護施設に持っていくものを意識しながら、実家を片づけるのもよいですね。


介護施設に持参できるものは、そう多くはありません。

大きさの目安としては3段くらいのたんす一棹《さお》ぶんです。

長期で旅行に出るときも、持っていけるものはせいぜいスーツケース、ボストンバッグそれぞれひとつくらいのはず。介護施設に持っていけるものもその程度です。

毎日の衣服、下着、日用品、薬、日記帳、通帳……など、なかにはお位牌《いはい》を持参す

る人もいます。

アルバムなど、終末期の親の心の支えになるものも準備しておくとよいでしょう。

宝石や貴金属、大金は避けたほうがベターです。盗まれたりしてトラブルのもとになります。

部屋の片づけをして、ものを捨てるかどうか迷ったときは、介護施設に持っていけるかどうかを判断基準にするとよいかもしれません。

実際、いざ施設や病院などでシンプルに暮らすと、そんなに多くのものは必要でないことがわかってきます。

「たんす一棹ぶんなんて少ない」と思うかもしれませんが、なければないで生活できるものです。

生きることが何よりも大切になり、ものに執着しなくなるのでしょうね。

本来、私たちは何ももたずに生まれてきた。そんなことを気づかせてくれます。

実家の
片づけ

親が60歳を過ぎたら

あたらしいペットは飼わない

やっておくと、ここがラク

◆親の死後、ペットの引き取り手に困らない

誤解を招かないように言っておきますが、私は動物が大好きです。犬もたくさん飼ってきました。心を癒やしてくれる最高の存在だと思っています。

けれど、**60歳を過ぎてからあたらしいペットを飼うのは賛成しません。**なぜなら、私自身が祖母のペットで苦い思いをしたからです。祖母はヨークシャーテリアを飼っていました。さみしそうにしている祖母に母がプレゼントしたのです。しかし高齢の祖母が犬をしつけることはできません。つねに祖母が抱き、食事も祖母の手から食べていました。トイレのしつけもできず、おむつをつけていました。もちろん祖母以外

の人間にはなつくこともなく、他人が来ると吠えて威嚇《いかく》していました。

祖母が介護施設に入所し、残ったのがこの犬〝チーコ〟です。

私は幼いころから大型犬を飼っていて、ブリーディングの経験もあり、犬のしつけに関しては知識も経験もあるほうだと思います。すでに2匹の犬を飼っていたので、チーコも家族として迎え入れよう。2匹も3匹も変わらない、大丈夫と思っていましたが、とんでもない間違いでした。

他の犬とケンカする。人の上に乗る。食卓に上がる。どこにでもおしっこやうんちをする。外見はかわいいのですが性格がきつく、最終的には私の子どもたちも嫌ってしまい、チーコが家族の一員になることはどんどんむずかしくなっていきました。

私も一生懸命しつけをしましたが、すでに老犬になっていたチーコの行動は変えられませんでした。こんな状況を見かねた知人が引き取ってくれたので、保健所に連れていかずに済んだことは本当にありがたかったです。

このように、親が介護施設に入ったり、入院したりしたときは、ペットをあなたが世話することになるかもしれません。

引き取れない状況ならば、ペットを飼うことに反対してください。

実家の片づけ

片づけをしたあとに

思い出の品にリメイクする

やっておくと、ここがラク

◆親の思い出を身近に感じることができる

親から引き継ぐものは、価値が明確にわかるもの（現金や土地など）だけでなく、親が身に着けていた衣服、小物など、思い出の品もあるでしょう。

すべてが該当するわけではありませんが、こういったものは親の死後、自分の心を支えてくれるアイテムになり、特別な価値をもつはずです。

かといってそのまま保管しておくのも大変なので、リメイクするのをおすすめしています。

私は祖母の帯でテディベアをつくりました。そのぬいぐるみで子どもたちが遊んでいる姿を見て、何より癒やされたのは私でした。

祖母のＤＮＡはこの子どもたちに引き継がれているんだ、ということを実感した出来事です。

リメイクの専門業者があるので、興味があれば問い合わせてみましょう。

ただしあなたにきょうだいがいる場合、リメイクする際は必ずひとことかけてくださいね。あとで

「なんで黙ってそんなことしたの？」

「あれ、欲しいと思ってたのに」

などと言われかねません。

親が生前のうちにリメイクする場合も同様に、親本人に了承を得ましょうね。

おわりに

この本の出版依頼のご連絡をいただいたのは、2016年1月でした。私自身が仕事環境や家族のことで多忙にしており、すぐには返信できなかったのですが、自分の人生のけじめになればと思い、半年後に連絡させていただきました。

出版準備を進めていた7月初め、父の具合が急変します。まさに、『親とさよならする前に』に記したことすべてを、私が経験することになりました。

祖母との別れの経験や多くの終活の知識があるので、トラブルがたくさん起きたり、嫌な思いをしたりすることはないだろうと思っていました。

でも現実は違いました。やはり悲しいものは悲しいし、トラブルもたくさん起こるものですね。

入院する父に会うときは元気全開！　でも帰宅すると涙が止まらない、何も手につかない。そんな日が続きました。

実家の片づけは大変でしたし、着物買い取り業者に危うくだまされそうになったり、介護認定では話がうまく伝わらなかったり……。

体力も気力も消耗して、絶望していたときに主人から
「これまでいろいろ学んできたんだよね。もう一度よく考えてみよう!」

と言われました。

これまで学んだ意味は何だったのか?

もう一度考えるきっかけを与えてくれたのは、主人の言葉と、『親とさよならする前に』でご紹介した64のことでした。

人が死に直面して、トラブルや問題が起こらないことはありません。だからこそ起こったときに対処できる知識と心構えが必要になります。そしてそれを支えてくれるのが愛情です。この64の項目には、知識と心構え、愛情が詰まっています。

また、この本で〝親の死を通じて、親を超える〟ことの必要性も、お伝えできたら……と思っています。人は、死別でしか学べないことがあります。人として本当の成長をする機会から逃げてほしくないのです。

今、父の毎日の変化をとおして、生きることのすばらしさ、強さ、不思議さを感じています。

子どものころはとても厳しく怖かった父が、小さくなってまるで幼い子のようなしぐさをするたびに、何とも言えないあたたかな想いがあふれてきます。

パートナーである主人への感謝も深まっています。父の面倒を見ることを許してくれ、いつも支えてくれ、感情的な私に的確なアドバイスと気づきを与えてくれる。そんな人は主人しかいません。

そして、子どもたちは私といっしょに実家の片づけ、お見舞い、買い出し、すべてに協力してくれ、父とともに過ごし、面倒を見てくれています。彼らの成長が父の希望であり、私の大きな支えであることを確信しています。

父と過ごす最後のひとときが、こんなふうにいろんなことを気づかせてくれて、私自身がさらに成長しているように感じます。これは、どんな経験からも得られない、大切な財産となっていくでしょう。

あなたもきっと、同じことを感じるはずです。だから苦しくても悲しくても、逃げずに〝今〟を受け止めてほしいと願っています。

最後に、サンクチュアリ出版の宮﨑さんとの奇跡のような出会いと、彼女の本に対する情熱と手厚いサポートには本当に感謝と敬意を表します。

そしてこの本は、お葬儀をお世話させていただいた多くの方々、終活をとおして出会ったみなさま、すべてのご縁と経験で成り立っています。深く感謝したいと思います。

親と過ごすみなさんの時間が、愛情あふれるひとときになることを心からお祈りし、これからも全力でみなさんの〝親とさよならする前に〟をサポートしていくことをお約束し、終わりの言葉といたします。

監修してくださった専門家のみなさん

医師

由井史樹（ゆい・ふみき）

医療法人郁史会　由井クリニック　院長
聖マリアンナ医科大学卒。杏雲堂平塚病院循環器科、後に由井医院で父とともに地域医療に尽力する。
2007 年由井クリニック院長に就任。“患者さん中心の医療”“心の通った医療”を基本理念に、ていねいでわかりやすい診察と、おだやかでやさしい人柄で地域の信頼を集めている。

弁護士

武内優宏（たけうち・ゆうこう）

法律事務所アルシエン　共同代表
1980 年、東京生まれ。早稲田大学経済学部卒。2007 年弁護士登録後、2011 年に法律事務所アルシエン開設。

遺言・相続に関する案件や葬儀社の法律顧問業務など、“終活”に関わる法的問題を多く扱っている。

また、遺言・相続セミナーなど講演も多数行なっている。とくに“おひとりさま”からの法律相談、孤独死した方の遺族からの相談に精力的に取り組む。

『週刊ダイヤモンド』『日本経済新聞』など多数のメディアにも取り上げられている。

著書に『誰も教えてくれなかった「ふつうのお宅」の相続対策 ABC』（共著）『おひとり様おふたり様私たちの相続問題』（いずれも、セブン&アイ出版）があり、『失敗しないエンディングノートの書き方』（石崎公子・著、法研）『もしもの時に安心！ エンディングノート』（プレジデント社）を監修している。

司法書士・行政書士

花沢良子（はなざわ・りょうこ）

司法書士法人・行政書士法人花沢事務所　代表
1982 年に司法書士・行政書士事務所を開設。
現在は、東京の丸の内、横浜、横須賀の 3 拠点にて年間 600 件を超す相続案件を受任。相続・遺言・終活・信託等セミナー実績多数。
関連法人に一般社団法人日本高齢者支援協会をもち、老後の一人暮らしのさまざまなサポートも行なっている。

参考文献 ※順不同

『葬儀のルール』清水宏明／エル書房
『終活のルール』清水晶子／本分社
『終活診断士　資格認定テキスト』一般社団法人日本クオリティ オブ ライフ協会編／終活診断士養成講座事務局
『たった2つの質問だけ！ いちばんシンプルな問題解決の方法』諏訪良武／ダイヤモンド社
『幸福優位7つの法則』ショーン・エイカー／徳間書店
『日本一親切な老前整理』坂岡洋子／主婦と生活社
『日本の民俗宗教』宮家準／講談社
『大切な人の看取り方』デニー・コープ／飛鳥新社
『心って何だろう』石田勝正／麗澤大学出版会
『ザ・ワーク 人生を変える4つの質問』バイロン・ケイティ スティーヴン・ミッチェル／ダイヤモンド社
『フィデュシャリー［信認］の時代』樋口範雄／有斐閣
『「私の四つのお願い」の書き方　医療のための事前指示書』箕岡真子／ワールドプランニング
『親を看取る』クロワッサン特別編集／マガジンハウス
『これでバッチリ！　老後の不安がなくなる本』プレジデント社
『遺族のための葬儀・法要・相続・供養』二村祐輔監修／池田書店
『親が倒れたときに読む本』枻出版社

【お断り】
・ご紹介した制度や法律は、変更になる場合があります。
・地域によって名称やルールなどが異なる場合があります。

著者
清水晶子（しみず・あきこ）
神奈川県生まれ。一般社団法人日本クオリティ オブ ライフ協会代表理事。
葬儀社の役員として、15年以上にわたり年間1,000件を超える葬儀供養などの相談に携わり、人生の終末期における生活者の悩みに真摯に向き合う。さらに自身の祖母の介護・成年後見を経験したことにより、終活の必要性・重要性を生活者・事業者に伝えることが使命と考え、一般社団法人日本クオリティ オブ ライフ協会を設立。長寿社会において、最後まで尊厳を保ち、だれもが人生に幸福を見出せる社会の醸成に努める。
全国各地で、終活、生前整理に関するセミナーや高齢者ヨガのクラスを開催し、人気を博している。

《取得資格》
厚生労働省認定葬祭ディレクター技能審査　1級葬祭ディレクター
一般社団法人終活カウンセラー協会　終活カウンセラー
日本葬祭アカデミー教務研究室　葬祭カウンセラー
株式会社ジーエスアイ　グリーフサポートバディ

親とさよならする前に
親が生きているうちに話しておきたい64のこと

2016年10月1日 初版発行

著者　清水晶子

イラスト　しりあがり寿
デザイン　井上新八
編集協力　円谷直子
DTP　小山悠太（サンクチュアリ出版）
営業　津川美羽／石川亮（サンクチュアリ出版）
編集　宮﨑桃子（サンクチュアリ出版）

発行者　鶴巻謙介
発行所　サンクチュアリ出版
〒151-0051　東京都渋谷区千駄ヶ谷 2-38-1
TEL 03-5775-5192　FAX 03-5775-5193
http://www.sanctuarybooks.jp
info@sanctuarybooks.jp

印刷　萩原印刷株式会社

このノートの使い方

HOW TO USE

これは、今後対応を迫られる場面で役立つ項目をメモしておけるノートです。親に確認したことを整理するために活用してくださいね。あなたを必ず助けてくれます。

専門家との打ち合わせ、相談に役立つ

医者、介護士、弁護士、葬儀社、ファイナンシャルプランナーなど、専門家に相談する際に必要な事項をまとめておけます。

入院や介護施設に入所するときに役立つ

申請や申し込みなど、書類への記入事項をまとめておけます。

親の意思を知ることができる

親が介護や医療を受けるなかで、子どもが代理で判断するための助けになります。

CONTENTS

父親のプロフィール

名前	
名前の由来	出生場所
生年月日 T・S 年　月　日	
住所　〒	
本籍	
電話番号 (　　　)	携帯電話番号 (　　　)
小学校名：	中学校名：
高等学校名：	大学・学部名： 専門学校名：
勤務先	家族構成
趣味	好きな食べ物

母親のプロフィール

名前		
名前の由来	出生場所	生年月日 T・S 年　月　日
住所　〒		
本籍		

電話番号 （　　　）	携帯電話番号 （　　　）
小学校名：	中学校名：
高等学校名：	大学・学部名： 専門学校名：
勤務先	家族構成
趣味	好きな食べ物

健康・医療・介護について 父親

健康保険証など

健康保険証	種類		記号		番号		保険者番号	
介護保険証	番号				保険者番号			
後期高齢者医療被保険者証	被保険者番号				保険者番号			

身体について

身長　cm	体重　kg	血液型　型

アレルギー □ ある → 内容：

通っている病院と、病気について

病 名	状 況
病院名	担当医

これまでにかかった病気

病名	時期
現在の状況	病院名
病名	時期
現在の状況	病院名
病名	時期
現在の状況	病院名

介護や医療が必要になった場合

どこで介護してほしいか、だれに面倒を見てほしいか

希望する介護施設

介護施設名：　　連絡先：

延命治療を希望するか する ・ しない	どこで最期を迎えたいか

健康・医療・介護について 母親

健康保険証など

健康保険証	種類		記号		番号		保険者番号	
介護保険証	番号				保険者番号			
後期高齢者医療被保険者証	被保険者番号				保険者番号			

身体について

身長　　cm	体重　　kg	血液型　　型

アレルギー □ ある →☞ 内容：

通っている病院と、病気について

病 名	状 況
病院名	担当医

これまでにかかった病気

病名	時期
現在の状況	病院名
病名	時期
現在の状況	病院名
病名	時期
現在の状況	病院名

介護や医療が必要になった場合

どこで介護してほしいか、だれに面倒を見てほしいか

希望する介護施設 介護施設名：	連絡先：
延命治療を希望するか する ・ しない	どこで最期を迎えたいか

お葬式・お墓・宗教について 父親

信じている宗教	
どんなお葬式にしたいか □ 一般的なお葬式 □ 家族葬 □ 直葬 □ オリジナルプロデュース	飾ってほしいものや花
依頼する葬儀社	連絡先
参列する親戚	
入る予定のお墓 場所	連絡先
担当者	継承者
お墓がない場合、どうするか（あらたに墓をつくる、散骨、樹木葬など）	
どんな供養がうれしいか	

お葬式・お墓・宗教について 母親

信じている宗教

どんなお葬式にしたいか

- □ 一般的なお葬式
- □ 家族葬
- □ 直葬
- □ オリジナルプロデュース

飾ってほしいものや花

依頼する葬儀社

連絡先

参列する親戚

入る予定のお墓

場所

連絡先

担当者

継承者

お墓がない場合、どうするか（あらたに墓をつくる、散骨、樹木葬など）

どんな供養がうれしいか

お金について 父親

預貯金

金融機関	支店	種類	口座番号

有価証券

証券会社	支店	証券の種類

クレジットカード

枚　保管場所

貸金庫

ある・なし

入れているもの

加入保険

保険の種類	契約者	証券番号	受取人

不動産

種類	所在	名義人

その他の財産

※ゴルフ会員権や純金積み立てなど。住宅ローンや借金も含む

お金について 母親

預貯金

金融機関	支店	種類	口座番号

有価証券

証券会社	支店	証券の種類

クレジットカード

枚　保管場所

貸金庫

ある・なし

入れているもの

加入保険

保険の種類	契約者	証券番号	受取人

不動産

種類	所在	名義人

その他の財産

※ゴルフ会員権や純金積み立てなど。住宅ローンや借金も含む

遺言・相続について 父親

相続に関する希望・問題点

□

□

□

□

□

□

遺言書の形式

□自筆証書　□公正証書　保管場所（　　　　　　　　　　　　　　）

成年後見人の候補

・

・

・

・

遺言・相続について 母親

相続に関する希望・問題点

□

□

□

□

□

□

遺言書の形式

□自筆証書　□公正証書　保管場所（　　　　）

成年後見人の候補

・
・
・
・

関係者・友人の連絡先

名前

間柄

〒

住所

電話番号／FAX

名前

間柄

〒

住所

電話番号／FAX

名前

間柄

〒

住所

電話番号／FAX

名前

間柄

〒

住所

電話番号／FAX

名前

間柄

〒

住所

電話番号／FAX

名前 間柄

〒
住所

電話番号／FAX

名前 間柄

〒
住所

電話番号／FAX

名前 間柄

〒
住所

電話番号／FAX

名前 間柄

〒
住所

電話番号／FAX

名前 間柄

〒
住所

電話番号／FAX

お役立ち連絡先リスト

さまざまなシーンで役に立つ連絡先をまとめました。
受付時間や連絡先は変更になる場合があります。

救急車を呼ぶべきか迷ったとき

救急相談センター

☎#7119　東京都、大阪府、奈良県、横浜市など
　#7000　埼玉県

※その他の地域の場合はインターネットで「救急相談センター　○○県」で検索。窓口を設けていない地域もあるので、その際は「119」をダイヤルする

健康や医療について相談したいとき

医療安全支援センター

http://www.anzen-shien.jp/

※「なかなか治らない」「病院を替えたほうがいいか」など医療に関する相談ができる
※地域によって電話番号が異なるため、インターネットで「医療安全支援センター　○○県」と検索するとよい

介護の相談、介護保険を受けたいとき

お住まいの地域の介護保険担当課、高齢者総合相談センター、地域包括支援センター

※わからない場合は、市役所、区役所に問い合わせる

シンプルなお葬式や直葬をしたいとき

お葬式のダビアス

0120-003-109

業者とのトラブルが起きたとき

国民生活センター　消費者ホットライン

☎188(局番なし)

※ここに電話すると、近くの消費生活相談窓口を案内してくれる

親の年金について相談したいとき

日本年金機構　ねんきんダイヤル

☎0570-05-1165

終活の相談をしたいとき

日本クオリティオブライフ協会

0120-500-611

親の家を見守るサービスを利用したいとき

セコム・ホームセキュリティ

0120-756892

東京ガス　「みまも〜る」

0120-117744

※遠く離れて暮らしていて、親の様子を確認できないときに便利なプランを紹介してくれる

お墓について相談したいとき

**一般社団法人日本石材産業協会
お墓の窓口 全国お墓なんでも相談室**

0120-411479

※相談受付は、月曜・木曜　10:30〜15:30

供養の相談や仏壇・お墓を準備したいとき

はせがわ

0120-11-7676

相続や遺言について相談したいとき

弁護士会　法律相談センター

※地域によって連絡先が異なるため、インターネットで「法律相談センター　○○県」と検索するとよい。もしくは区役所、市役所に確認する。相談料の目安は30分5000円

法律事務所アルシエン

☎03-5510-8255

公正証書遺言を準備したいとき

公証役場

※地域によって異なるため、日本公証人連合会のウェブサイトhttp://www.koshonin.gr.jp/sho.html にアクセスし、いちばん近い公証役場を検索する

実家の片づけの依頼をしたいとき

遺品整理専門のキーパーズ

0120-754-070

「もしも」のときに役立つノート

Yakudatsu NoteBook

矢印の方向に引くと、取り外し可能です